THE ROUGH GUIDE

HINDI & URDU

PHRASEBOOK

Compiled by

LEXUS

ROUGH
GUIDES

www.roughguides.com

Credits

Compiled by Lexus with Dharam Pal
Lexus Series Editor: Sally Davies
Rough Guides Reference Director: Andrew Lockett
Rough Guides Series Editor: Mark Ellingham

First edition published in 1997.
Revised in 2001.
This updated edition published in 2006 by
Rough Guides Ltd,
80 Strand, London WC2R 0RL
345 Hudson St, 4th Floor, New York 10014, USA
Email: mail@roughguides.co.uk.

Distributed by the Penguin Group.

Penguin Books Ltd, 80 Strand, London WC2R 0RL
Penguin Putnam, Inc., 375 Hudson Street, NY 10014, USA
Penguin Group (Australia), 250 Camberwell Road, Camberwell,
Victoria 3124, Australia
Penguin Books Canada Ltd, 10 Alcorn Avenue, Toronto,
Ontario, Canada M4V 1E4
Penguin Group (New Zealand), Cnr Rosedale and Airborne Roads,
Albany, Auckland, New Zealand

Typeset in Bembo and Helvetica to an original design by Henry Iles.
Printed in Italy by LegoPrint S.p.A

© Lexus Ltd 2006
240pp.

British Library Cataloguing in Publication Data
A catalogue for this book is available from the British Library.

ISBN 13: 978-1-84353-646-8
ISBN 10: 1-84353-646-3

The publishers and authors have done their best to ensure
the accuracy and currency of all information in The Rough
Guide Hindi/Urdu Phrasebook however, they can accept no
responsibility for any loss or inconvenience sustained by any
reader using the book.

Online information about Rough Guides can be found at our website
www.roughguides.com

CONTENTS

Introduction	5
Basic Phrases	8
Scenarios	13
English - Hindi/Urdu	31
Hindi/Urdu - English	108
Signs and Notices	
Hindi - English	155
Urdu - English	173
Menu Reader	
Food	192
Drink	206
How the Language Works	
Pronunciation	211
Abbreviations; Notes	212
Word Order; Articles; Nouns	214
Adjectives	216
Demonstratives	217
Possessives	218
Postpositions	219
Pronouns	220
Verbs	222
Interrogatives	231
Dates; Days; Months	232
Time	233
Numbers	235
Conversion Tables	237

Introduction

The Rough Guide Hindi/Urdu dictionary phrasebook is a highly practical introduction to the contemporary language. Laid out in clear A-Z style, it uses key-word referencing to lead you straight to the words and phrases you want – so if you need to book a room, just look up 'room'. The Rough Guide gets straight to the point in every situation, in bars and shops, on trains and buses, and in hotels and banks.

The main part of the Rough Guide is a double dictionary: English-Hindi/Urdu then Hindi/Urdu-English. Before that, there's a section called **Basic Phrases** and to get you involved in two-way communication, the Rough Guide includes, in this new edition, a set of Hindi **Scenario** dialogues illustrating questions and responses in key situations such as renting a car and asking directions. You can hear these and then download them free from **www.roughguides.com/phrasebooks** for use on your computer or MP3 player.

Forming the heart of the guide, the **English-Hindi/Urdu** section gives easy-to-use transliterations of the Hindi/Urdu words wherever pronunciation might be a problem. Throughout this section, cross-references enable you to pinpoint key facts and phrases, while asterisked words indicate where further information can be found in a section at the end of the book called **How the Language Works**. This section sets out the fundamental rules of the language, with plenty of practical examples. You'll also find here other essentials like numbers, dates, telling the time and basic phrases. The **Hindi/Urdu-English** section is in two parts: a dictionary, arranged phonetically, of all the words and phrases you're likely to hear (starting with a section of slang and colloquialisms); then a compilation, arranged by subject, of various signs, labels, instructions and other basic words you may come across in print or in public places.

Near the back of the book too the Rough Guide offers an extensive **Menu Reader**. Consisting of food and drink sections (each starting with a list of essential terms), it's indispensable whether you're eating out, stopping for a quick drink, or browsing through a local food market.

yātrā sukhad rahe! (H)   KhAriyat se jāye!
have a good trip!   have a good trip!

5

Basic
Phrases

yes
hā

no
nahī

OK
ṭhīk

hello
namaste (H), salām (U)
(on phone)
halō

good morning
namaste (H), assalam
ālekam (U)

good evening
namaste (H), assalam
ālekam (U)

good night
namaste (H), ḳhudā hāfiz (U)

goodbye
namaste (H), ḳhudā hāfiz (U)

hi!
halō

cheerio!
phir milege!

see you!
phir milege!

please
meharbānī karke, kripayā (H)

yes, please
jī hā

thank you
shukriyā, dhanyvād (H)

thanks
shukriyā

no, thanks
jī nahī

thank you very much
bahut shukriyā

don't mention it
kōī bāt nahī

how do you do?
kyā hāl hA?

how are you? (to man/woman)
āp kAse/kAsī hA?

I'm fine thanks
ṭhīk hū, shukriyā

nice to meet you
āp se milkar baRī ḳhushī huī

8

excuse me (to get past, to say sorry)
māf kījiye
(to get attention)
suniye

sorry: (I'm) sorry
māf kījiye

sorry? (didn't understand)
kyā kahā?

what?
kyā?

what did you say?
āpne kyā kahā?

I see (I understand)
mA samjhā

I don't understand
mA nahī samjhā

do you speak English? (to man/woman)
āp angrezī bōlte/boltī hA?

I don't speak-...-(said by man/woman)
mA ...-nahī bōltā/boltī

could you speak more slowly?
dhīre dhīre boliye

could you repeat that?
phir kahiye

could you write it down?
ise likh de

I'd like a ...
mujhe ... chāhiye

I'd like to ... (said by man/woman)
mA ... chāhtā/chāhtī hū

can I have a ...? (said by man/woman)
kyā mA ... le saktā/saktī hū?

do you have ...?
āpke pās ... hA?

how much is it?
is kī kīmat kyā hA?

cheers! (toast)
chīyars!

it is ...
ye ... hA

where is it?
ye kahā hA?

where is ...?
... kahā hA?

is it far from here?
kyā yahā se dūr hA?

what's the time?
kyā vakt hA?, kitne baje hA?

Scenarios

1. Accommodation

is there an inexpensive hotel you can recommend?
▶ kyā āp kisī saste hōṬal ke bāre mē batā saktī h**A**?

māf kijiye ye sabhī pūre bhare lagte h**A** ◀
I'm sorry, they all seem to be fully booked

can you give me the name of a good middle-range hotel?
▶ kyā āp kisī bīch darje ke hōṬal kā nām batā saktī h**A**?

mujhe dekhne dījiye, kyā āp shahar ke bīch m**e** chāhte h**A** ◀
let me have a look; do you want to be in the centre?

if possible
▶ agar hosake

āp shahar se thōṛā bāhar rahnā chāhege? ◀
do you mind being a little way out of town?

not too far out
▶ bahut dūr nahī

where is it on the map?
▶ ye nakshe par kahā h**A**?

can you write the name and address down?
▶ kyā āp iskā nām awr patā likh saktī h**A**?

I'm looking for a room in a private house
▶ m**A** ek nijī makān m**e** kamrā khōj rahā h**ū**

2. Banks

bank account	bAnk akäunT
to change money	pAse badalnä
cheque	chAk
to deposit	jamä karnä
pin number	pin nambar
pound	pawnD
rupee	rupaye
to withdraw	pAse níkälnä

can you change this into rupees?
▶ kyä äp ise rupaye me badal saktī h**A**?

äpkö rupaye kAse chähiye? ◀
how would you like the money?

---

small notes | big notes
▶ chöTe nöT | ▶ baRe nöT

do you have information in English about opening an account?
▶ äpke päs akäunT khölne kī jänkäri angrezi me hA?

---

jī h**ä**, kis kism kä akäunT chähiye? ◀
yes, what sort of account do you want?

I'd like a current account
▶ mujhe karanT akäunT chähiye

your passport please
▶ apnä päspörT dikhäiye

can I use this card to draw some cash?
▶ kyä m**A** is kärD se pAse nikäl saktä h**û**?

---

kAshiyar ki DAsk par jäiye ◀
you have to go to the cashier's desk

I want to transfer this to my account at Charter Bank
▶ mujhe ye apne chärTar bAnk ke akäunT mê badalnä hA

---

acchhä, magar äpkö phön käl ke pAse lag**e**ge ◀
OK, but we'll have to charge you for the phone call

---

download these scenarios as MP3s from:

3. Booking a room

shower	shāvar
telephone in the room	kamre me phōn
payphone in the lobby	lābi me pAsā lagne vālā phōn

do you have any rooms?
▶ kyā āpke pās kōi kamrā khālī hA?

kitne lögō ke liye? ◀
for how many people?

for one/for two
▶ ek ke liye/dō ke liye

jī hā, hamāre pās kamre khālī hA ◀
yes, we have rooms free

kitnī rāt ke liye? ◀
for how many nights?

just for one night
▶ sirf ek rāt ke liye

how much is it?
▶ kirāyā kitnā hA?

800 rupees with bathroom and 500 rupees without bathroom
▶ 800 rupaye gusalkhāne vālā awr 500 rupaye binā gusalkhāne vālā

does that include breakfast?
▶ kyā is me nāshtā shāmil hA?

can I see a room with bathroom?
▶ mujhe gusalkhāne vālā kamrā dikhāiye

OK, I'll take it
▶ acchha, mA ise lelūgā

when do I have to check out?
▶ mujha kamrā kab khālī karnā hōgā?

is there anywhere I can leave luggage?
▶ mA kahī apnā sāmān chōR saktā hū?

4. Car hire

automatic	apne āp chalne vālī kār
full tank	bharā TAnk
manual	hāth se chalne vāle gīyar
rented car	kirāye kī kār

I'd like to rent a car
▶ mujhe kirāye par kār chāhiye

kitnī der ke liye? ◀
for how long?

two days
▶ do din ke liye

I'll take the ...
▶ mA ... le lūgā

is that with unlimited mileage?
▶ kyā ham jitnī dūr chāhe ise le jā sakte hA?

jī hā ◀
it is

apnā Drāiving lāisens dikhāiye ◀
can I see your driving licence, please?

awr apnā pāspōrT ◀
and your passport

is insurance included?
▶ kyā isme bīmā shāmil hA?

jī hā, par pahle āpko saw rupaye dene hōge ◀
yes, but you have to pay the first 100 rupees

kyā āp saw rupaye kī jamānat de sakte hA? ◀
can you leave a deposit of 100 rupees?

and if this office is closed, where do I leave the keys?
▶ agar ye āfis band hō tō chābī kahā chhōRū?

us bakse mē Dāl dījiye ◀
you drop them in that box

16

5. Communications

ADSL modem	A.Dì.As.Al mōDam
at	AT
dial-up modem	Dāyal vālā mōDam
dot	DāT
Internet	inTarneT
mobile (phone)	möbäil phön
password	pāsvarD
telephone socket adaptor	phön ka säket aDAptar
wireless hotspot	väyarlAs hāT spāT

is there an Internet café around here?
▶ yahā̃ kōī inTarneT kāfīghar hA?

can I send email from here?
▶ kyā mA yahā̃ se ī-mel bhej saktī hū̃?

where's the at sign on the keyboard?
▶ kībörD me AT säin kahā̃ hA?

can you switch this to a UK keyboard?
▶ kyā āp ise yū-ke kībörD mē lagā sakte hA?

can you help me log on?
▶ āp merī lāg karne mē madad kar sakte hA?

I'm not getting a connection, can you help?
▶ mujhe kanekshan nahī̃ mil rahā jarā āp merī madad karēge?

where can I get a top-up card for my mobile?
▶ mobäil phön ke liye Tāp-ap kārD kahā̃ milegā?

can you put me through to...?
▶ kyā āp ... se phön milā sakte hA?

zero	shūny	five	pā̃ch
one	ek	six	chhA
two	dö	seven	sāt
three	tīn	eight	āTh
four	chār	nine	naw

6. Directions

hi, I'm looking for Sadar Bazaar
▶ namaste, m**A** sadar bāzār Dh**ū**Dh rahā h**ū**

máf kijiye, m**A**ne is ke bāre m**e** kabhī nahī
sunā ◀
sorry, never heard of it

hi, Sadar Bazaar, do you know where it is?
namaste, sadar bāzār, āpkō mālūm h**A** ki ye kahā h**A**?

hi, can you tell me where Sadar Bazaar is?
▶ namaste, āp batā saktī h**A** ki sadar bāzār kah**ā** h**A**?

m**A** bhī yah**ā** nahī rahtī ◀
I'm a stranger here too

where?
kah**ā**?

which direction?
kis taraf?

bagal m**e** ◀
around the corner

dūsrī Trafik lāiT par bāy**ī** taraf ◀
left at the second traffic lights

Tab dāy**ī** taraf ye pahl**ī** saRak h**A** ◀
then it's the first street on the right

āge next; further	... ke bād past the ...	pīchhe back	sīdhe straight ahead
bāy**ī** taraf on the left	ke sāmne in front of	sāmne opposite	vahā over there
dāy**ī** taraf on the right	mōR turn off	saRak street	
ekdam bād just after	pās near		

18

7. Emergencies

accident	durghaTnä
ambulance	AmbulAns
consul	Räjdüt
embassy	dütäväs
fire brigade	damkal
police	pulis

help!
▶ madad kïjiye!

can you help me?
▶ äp jarä merï madad dege?

please come with me! it's really very urgent
▶ kripayä mere säth äiye! ye bahut zarüri hA

I've lost (my keys)
▶ (merï chäbï) khö gayï hA

(my car) is not working
▶ (merï kär) nahï chal rahï hA

(my purse) has been stolen
▶ (merä pars) chorï hogayä hA

I've been mugged
▶ mujhe lüT liyä

äpkä näm kyä hA? ◀
what's your name?

mujhe äpkä päspörT dekhnä höga ◀
I need to see your passport

I'm sorry, all my papers have been stolen
▶ mäf kïjiye mere sab zarüri kägaz chörï högaye hA

8. Friends

hi, how're you doing?
▶ namaste, tumhārā kyā hāl hA?

Thīk hA, awr tumhārā? ◀
OK, and you?

yeah, fine
▶ hā, Thīk hA

not bad
▶ burā nahī hA

d'you know Mark?
▶ tum mark ko jāntī hō?

and this is Hannah
▶ awr ye hānā hA

hā, ham ek dūsre kō jānte hA ◀
yeah, we know each other

where do you know each other from?
▶ tum ek dūsre ko kahā se jāntī hō?

ham dōnō sunil ke yahā mile ◀
we met at Sunil's place

that was some party, eh?
▶ vo bhī kōī pārtī thī, hA?

sab se acchhī ◀
the best

are you guys coming for a beer?
▶ kyā tum lōg bīyar pīne ārahe hō?

▶ kūl, chalō chale
cool, let's go

▶ nahī, mA prīti se milne jā rahī hū
no, I'm meeting Priti

see you at Sunil's place tonight
▶ mA tumkō āj rāt sunil ke yahā milūgā

phir milege ◀
see you

9. Health

I'm not feeling very well
▶ merī tabiyat kharāb hA

---

can you get a doctor?
▶ DakTar ko bulàiye!

kahā dard hōtā hA? ◀
where does it hurt?

it hurts here
▶ yahā dard hotā hA

---

kyā dard lagātār hA? ◀
is the pain constant?

it's not a constant pain
▶ dard lagātār nahī hA

can I make an appointment?
▶ kyā mA milne kā samay tay kar saktī hū?

can you give me something for ...?
▶ āp ... ke liye kuchh davā de sakte hA?

yes, I have insurance
▶ jī hā, merā bīmā hA

antibiotics	AnTībàyōTìk
antiseptic ointment	AnTīseptìk marham
cystitis	mūtrāshay ka infekshan
dentist	dāt kā DākTar
diarrhoea	dast
doctor	DākTar
hospital	aspatāl
ill	bīmār
medicine	davā
painkillers	dard kī davā
pharmacy	davākhānā
to prescribe	nuskhā likhnā
thrush	thrash

10. Language difficulties

a few words	kuchh shabd
interpreter	dubhāshiyā
to translate	anuvād karna

āpkā kredit kārD inkār hōgayā ◀
your credit card has been refused

---

what, I don't understand; do you speak English?
▶ kyā, mA nahī samjhi; āp angrezi bolte hA?

ye sahī nahī hA ◀
this isn't valid

---

could you say that again?   **slowly**
▶ phir kahiye?   ▶ dhīre dhīre

I understand very little Hindi
▶ mA bahut thoRi hindī samjhtī hū

I speak Hindi very badly
▶ mA hindī Thīk tarah nahī boltī

āp is kārD se pAsā nahī de saktī ◀
you can't pay with this card

āp samjhī? ◀
do you understand?

---

sorry, no
▶ ji nahī

is there someone who speaks English?
▶ kyā yahā kōī angrezī bōltā hA?

oh, now I understand
▶ acchhā, ab mA samjhī

is that ok now?
▶ kyā ab ye Thīk hA?

11. Meeting people

hello
▶ namaste

hello, my name's Sunita
▶ namaste, merā nām Sunitā hA

Graham, from England, Thirsk
▶ mA grāham, tharsk se, inglAnD me

mujhe nahī mālūm, ye kahā hA? ◀
don't know that, where is it?

not far from York, in the North; and you?
▶ yārk se bahut dūr nahī, uttar me; awr āp?

mA jaypur se hū; yahā apne āp hA? ◀
I'm from Jaipur; here by yourself?

no, I'm with my wife and two kids
▶ jī nahī, meri patnī awr do bacche bhī yahā hA

what do you do?
▶ āp kyā kām kartī hA?

mA kampūTar ke kām mē hū ◀
I'm in computers

me too
▶ mA bhī

here's my wife now
▶ meri patnī ab yahā hA

āp se milkar bahut Khushī huī ◀
nice to meet you

12. Post offices

airmail	havāī Dāk
post card	pōsT kārD
post office	Dāk Khānā
stamp	TikaT

what time does the post office close?
▶ Dāk Khānā kitne baje band hōtā hA?

hafte me pāch baje ◀
five o'clock weekdays

is the post office open on Saturdays?
▶ kyā Dāk Khānā shanivār kō khultā hA?

dōpahar tak ◀
until midday

I'd like to send this registered to England
▶ mA ise rajisTarī Dāk se inglAnD bhejnā chāhtī hū

zarūr, is me das rupaye lagege ◀
certainly, that will cost 10 rupees

and also two stamps for England, please
▶ awr dō TikaT inglAnD ke līye de dijiye

do you have some airmail stickers?
▶ kyā āpke pās havāī Dāk ke chipakne vāle lebal hA?

do you have any mail for me?
▶ kyā mere liye kōī Dāk hA?

13. Restaurants

bill bil	menu menyü	table mez

can we have a non-smoking table?
▶ mujhe ek mez buk karnï hA, jahã sigreT pïnä manä hö?

there are two of us
▶ ham dö lög hA

there are four of us
▶ ham chär lög hA

what's this?
▶ ye kyä hA?

ye ek kism kï machhlï hA ◀
it's a type of fish

ye yahã kï khäs chïz hA ◀
it's a local speciality

andar ãiye, mA apko dikhätï hü ◀
come inside and I'll show you

we would like two of these, one of these, and one of those
▶ hame in mě se dö chähiye, in mě se ek, awr un mě se ek

awr pïne ke liye? ◀
and to drink?

red wine
▶ rAD väin

white wine
▶ väiT väin

a beer and two orange juices
▶ ek bïyar awr do santare ke ras

some more bread please
▶ thöRï awr Dabal röTï chähiye

äpkä khänä kAsä thä? ◀
how was your meal?

excellent!, very nice!
▶ baRhiyä!, bahut acchhä!

▶ awr kuchh chähiye?
anything else?

just the bill thanks
▶ bas! bil läiye, shukriyä

14. Shopping

can I help you?
▶ böliye, kyä chähiye?

can I just have a look around?   yes, I'm looking for ...
▶ kyä m**A** sirf dekh saktī hū?   ▶ m**A** ... kī talāsh m**e** hū

how much is this?
▶ iskā däm kyä hA?

---

battis rupaye ◀
thirty-two rupees

OK, I think I'll have to leave it; it's a little too expensive for me
▶ acchha, rahne dijiye; ye mere liye jarā mahangā hA

---

ye kAsā rahegā? ◀
how about this?

---

can I pay by credit card?
▶ kyä m**A** kredit kärD se pAse de saktī hū?

it's too big   it's too small
▶ ye bahut baRa hA   ▶ ye bahut chhōTā hA

it's for my son – he's about this high
▶ ye mere laRke ke liye hA - vo itnā lambā hA

---

awr kuchh chähiye? ◀
will there be anything else?

---

that's all thanks
▶ bas, shukriyā

make it twenty rupees and I'll take it
▶ bīs rupaye lagāiye tö m**A** ise le lūgī

fine, I'll take it
▶ Thīk, m**A** ise le lūgī

15. Sightseeing

art gallery	ārt gAlrī
bus tour	bas tūr
city centre	shahar kā bīch
closed	band
guide	gāiD
museum	ajāyab ghar
open	khulā

I'm interested in seeing the old town
▶ purānā shahar dekhne mē mujhe dilchaspī hA

are there guided tours?
▶ kōī gāiD vālī Tūr h**A**?

māf kījiye, sab pūrī bharī h**A** ◀
I'm sorry, it's fully booked

how much would you charge to drive us around for four hours?
▶ āp chār ghanTe tak kār mē ghumāne ke kitne pAse lege?

can we book tickets for the concert here?
▶ kyā ham sangīt sammelan ke TikaT yahā buk kar saktī h**A**?

▶ jī hā, kis nām par?   ▶ kawn sā kredit kārD?
yes, in what name?   which credit card?

where do we get the tickets?
▶ Tikat kahā milege?

just pick them up at the entrance
pravesh dvār par uThā lījiye ◀

is it open on Sundays?
▶ kyā ye itvār ko khulā rahtā hA?

how much is it to get in?
▶ andar jāne me kitne pAse lagege?

are there reductions for groups of 6?
▶ kyā chhā logō ke grup ke liye kōī riyāyat hA?

that was really impressive!
▶ kyā khūb!

16. Trains

to change trains	gāRī badalnā
platform	pleTfäram
return	vāpsī
single	singal
station	sTeshan
stop	sTāp
ticket	TikaT

how much is ...?
▶ ... kā kirāyā kitnā hA?

a single, second class to ...
▶ ... ke liye ek singal sekanD klās TikaT

two returns, second class to ...
▶ ... ke liye dō vāpsī sekanD klās TikaT

for today	**for tomorrow**	**for next Tuesday**
▶ āj ke liye	▶ kal ke liye	▶ agle mangal vār ke liye

Dāk gāRī ke liye awr pAsā lagegā ◀
there's a supplement for the express

āpkō sīT rijarv karānī hA? ◀
do you want to make a seat reservation?

āpkō kānpur me gāRī badalnī hōgī ◀
you have to change at Kanpur

what time is the last train to Benaras?
▶ banāras ke liye ākhirī gāRī kab hA?

is this seat free?
▶ kyā ye sīT khālī hA?

excuse me, which station are we at?
▶ suniye, ham kis sTeshan par hA?

is this where I change for Benaras?
▶ kyā isī Jagah mujhe banāras ke liye gaRī badalnī hōgī?

English

→

Hindi/Urdu

A

a, an* ek
about: about 20 Karīb bīs, lagbhag bīs (H)
  it's about 5 o'clock pāch baje ke Karīb
  a film about India bharat ke bāre me 'film'
above ūpar
abroad pardesh
absolutely (I agree) bilkul
absorbent cotton ruī
accelerator AkselareTar
accept Kabūl karnā
accident durghaTnā (H), hādasā (U)
  (collision) Takkar
  there's been an accident ek durghaTnā hōgAi
accommodation Thaharne kī jagah
accurate sahī
ache dard
  my back aches merī pīTh me dard hA
across: across the road saRak ke pār
adapter aDApTar
address patā
  what's your address? āpkā patā kyā hA?
address book pate kī kitāb
admission charge dāKhilā, pravesh shulk (H)
adult bālig, vayask (H)
advance: in advance peshgī, agrim (H)

aeroplane havāi jahāz
Afghanistan afgānistān
Africa afrīkā
African afrīkī
after (ke) bād
  after you pahle āp
  after lunch dōpahar ke khāne ke bād
afternoon dōpahar
  in the afternoon dōpahar me
  this afternoon āj dōpahar
aftershave āftarshev
aftersun cream dhūp sekne ke bād lagāne vālī krīm
afterwards bād me
again phir
against ke Khilāf, viruddh (H)
age umar, āyu (H)
ago: a week ago ek hafte pahle
  an hour ago ek ghanTe pahle
agree: I agree (said by man/woman) mA māntā/māntī hū
AIDS eDS bīmārī
air havā
  by air havāi jahāz se
air-conditioned eyar kanDīshan, vātānukūlit (H)
air-conditioned room eyar kanDīshan kamrā
air-conditioning eyar kanDīshan karnā
airmail: by airmail havāi Dāk se
airmail envelope havāi lifāfā, havāi patr (H)
airplane havāi jahāz
airport havāi aDDā
  to the airport, please havāi aDDe chaliye

Key: (H) = Hindi only (U) = Urdu only

airport bus havāi aDDe kī bas

aisle seat galiyāre kī sīT

alarm clock alāram (ghanTī vālī) ghaRī

alcohol sharāb

alcoholic nashīlā, mādak (H)

all sab

all of it sārā

all of them sāre

that's all, thanks bas, shukriyā

allergic: I'm allergic to ... mujhe ... se Alarjī hA

allowed: is it allowed? (kyā) is kī ijāzat hA?

all right Thīk

I'm all right mA Thīk hū

are you all right? āp Thīk hA?

almond bādām

almost lagbhag (H), TaKrīban (U)

alone akelā

already pahle se hī

also bhī

although hālāki, yadyapi (H)

altogether kul milākar

always hameshā

am*: I am mA hū

am: at seven am subah sāt baje

amazing (surprising) āshcharyajanak (H), hAratangez (U) (very good) tājjub kā

ambulance AmbulAns

call an ambulance! AmbulAns bulāō!

America amrīkā

American amrīkī

I'm American mA amrīkī hū

among me

amount tādād (money) raKam, rāshī (H)

amp: a 13-amp fuse terah Ampiyar kā fyūz

and awr

angry nārāz

animal jānvar

ankle Takhnā

anniversary (wedding) shādī ki sālgirah

annoy: this man's annoying me ye ādmī mujhe pareshān kar rahā hA

annoying pareshānī bharā

another dūsrā

can we have another room? kyā āp hame dūsrā kamrā dege?

another beer, please ek awr bīyar dījiye

antibiotics AnTibāyōTik davā

antifreeze jamne se rōkne vālī chīz

antihistamine AnTihisTāmin

antique: is it an antique? kyā ye purāne zamāne kī chīz hA?

antique shop purāne zamāne ke chīzō kī dukān

antiseptic AnTisApTic

any: have you got any bread/ tomatoes? āpke pās Dabal rōTī/TamāTar hA?

do you have any ...? kyā āpke pās ... hA?

sorry, I don't have any jī nahī, nahī hA

anybody kōī
 does anybody speak English?
 kōī angrezī bōltā hA?
 there wasn't anybody there
 vahā kōī nahī thā
anything kuchh

dialogues

anything else? awr kuchh?
nothing else, thanks awr
kuchh nahī, shukriyā

would you like anything
to drink? (to man/woman) āp
kuchh pīyege/pīyegī?
I don't want anything,
thanks jī nahī, mujhe
kuchh nahī chāhiye,
shukriyā

apart from ke alāvā
apartment fLAT
apartment block bilding
aperitif apariTīf
apology māfī, kshamā (H)
appendicitis apanDisāTis
appetizer pahlā dawr
apple seb
appointment mulākāt

dialogue

can I help you? bōliye
I'd like to make an
appointment with ...
mujhe ... se milnā hA
what time would you like?
(to man/woman) āp kis vakt

milnā chāhte/chāhtī hA?
three o'clock tīn baje
I'm afraid that's not
possible, is four o'clock
all right? māf kījiye, ye
tō mumkin nahī hA, kyā
chār baje Thīk rahegā?
yes, that will be fine jī hā,
Thīk hA
the name was ...? āpkā
nām ...?

apricot khūbānī
April aprAl
are*: we are ham hA
 you are āp hA
 (fam) tum hō
 they are ve hA
area ilākā
area code ilāKe kā kōD
arm bāh
arrange: will you arrange it for
us? kyā āp hamāre liye is kā
intzām kar dege?
arrival pahuch
arrive pahuchnā
 when do we arrive? ham kab
 pahuchege?
 has my fax arrived yet? kyā
 merā fAks āgayā?
 we arrived today ham āj
 pahuche
art kalā (H), fan (U)
art gallery chitr-shālā (H),
 tasvīr khānā (U)
artist kalākār (H), fankār (U)
as: as good as itnā hī
 acchhā
 as big as itnā hī baRā

as soon as possible jitnī jaldī hōsake
ashtray rākhdānī
ask pūchhna
ask for māgnā
I didn't ask for this mAne ye nahī māgā
could you ask him to ...? in se kahiye ki ...?
asleep: she's asleep vō sōī huī hA
aspirin Aspirin
asthma damā
astonishing tājjub kā
at*: at the hotel hōTal me
at the station sTeshan par
at six o'clock chhA baje
at Sunil's sunil ke yahā
attractive khūbsūrat
aubergine bAgan
August agast
aunt (paternal) chāchī
(maternal) māsī, khālā (U)
Australia āsTreliyā
Australian āsTreliyan
I'm Australian mA āsTreliyan hū
automatic (adj) āTomATik
(car) apne āp chalne vālī kār
automatic teller naKdī kī mashīn
autumn patjhaR (H), Khizā (U)
in the autumn patjhaR me
avenue chawRī saRak
average (not good) māmūlī
on average awsatan
awake: is he awake? kyā vō jāgā huā hA?
away: go away! jāō!

is it far away? kyā vō bahut dūr hA?
awful bahut burā
axle dhurī

B

baby (male/female) bacchā/ bacchī
baby food bacche kā khānā
baby's bottle bacche kī bōtal
baby-sitter bebī siTar
back (of body) pīTh
(back part) pichhlā hissā
at the back pīche
can I have my money back? merā pAsā vāpas kar dījiye
to come/go back anā/vāpas jānā
backache pīTh dard
bacon sūar kā mās
bad burā
a bad headache tez sirdard
badly burī tarah (se)
bag ThAlā
(handbag) hAnDbAg
(suitcase) sūTkes, baksā
baggage sāmān, asbāb (U)
baggage checkroom chhuTe sāmān kā daftar
baggage claim sāmān kī māg (H), asbāb kī māg (U)
bakery Dabal rōTī kī dukān
balcony chhajjā
a room with a balcony chhajje vālā kamrā
bald ganjā
ball ged

ballpoint pen bālpōint pΛn
bamboo bās
banana kelā
band (musical) bΛnD
bandage paTTī
Bandaid® palastar
Bangladesh banglādesh
Bangladeshi banglādeshī
bank (money) bΛnK
bank account khāta
bar sharāb-khāna, baar
  a bar of chocolate chākleT kī
  DanDī
barber's nāi kī dukān, hajjām
  (U)
bargaining

dialogue

how much is this? is kī kyā
kīmat hΛ?
200 rupees dō saw rupaye
that's too expensive ye tō
bahut mahangā hΛ
how about 100 rupees?
ek saw rupaye mē kΛsā
rahegā?
I'll let you have it for 150
rupees āp ke liye sirf
DeDh saw rupaye
can you reduce it a bit
more? jarā awr kam karē?
OK, it's a deal acchhā, ye
pakkā rahā

basket chhawRī
  (in shop) Tōkrī
bath snān (H), gusal (U)
  can I have a bath? (said by

man/woman) kyā mΛ nahā
saktā/saktī hū?
  see hotel
bathroom gusalkhāna
  with a private bathroom nijī
  gusalkhāna
bath towel nahāne kā tawliyā
bathtub nahāne kā Tab
battery bΛTarī
bay khārī
be* hōnā
beach samandar kā kinārā
  on the beach samandar ke
  kināre par
beach mat bīch kī chaTāi
beach umbrella bīch kā chātā
beans sem (phalī)
  French beans chhōTī sem
  broad beans baRī sem
beard dāRhī
beautiful sundar
because kyōki
  because of ... ... kī vajah se
bed bistar
  I'm going to bed now (said
  by man/woman) mΛ ab sōne jā
  rahā/rahī hū
bed and breakfast rāt kī
  rihāish awr nāshtā
bedroom sōne kā kamrā
beer bīyar
  two beers, please dō bīyar,
  dījiye
before pahle
beggar bhikhārī
begin shuru hōnā
  (doing something) shuru karnā
  when does it begin? kab
  shuru hōtā hΛ?

beginner (man/woman) sīkhne
  vālā/vālī
beginning: at the beginning
  shuru me
behind pīchhe
  behind me mere pīchhe
Belgian beljiyan
Belgium beljiyam
believe yaKīn karnā, vishvās
  karnā (H)
below nīche
belt peтī
bend (in road) mōr
Bengali bangālī
berth (on ship) barth
beside: beside the ... ... ke pās
best sab se acchhā
betel nut supārī
better behtar
  are you feeling better? (kyā)
  āpkī tabiyat behtar hA?
between bīch me
beyond ke pare
bicycle sāikil
bicycle pump sāikil pamp
big barā
  too big bahut barā
  it's not big enough ye kam
  barā hA
bike sāikil
  (motorbike) mōтar sāikil
bikini bikinī
bill bil
  (US: from bank) nōт
  could I have the bill? bil
  lāiye?
bin kūredān
bird chiriyā
birthday sāl girah, janmdin (H)

happy birthday! sālgirah
  mubāraK!, shubh
  janmdin! (H)
biscuit biskuт
bit: a little bit zarā тhōrā
  a big bit тhōrā barā
  a bit of ... тhōrā sā ...
  a bit expensive zarā
  mahangā
bite (noun) kāт
  (verb) kāтnā
bitter (taste etc) karvā
black kālā
black market kālā bāzār
blanket kambal
bleach (for toilet) blīch
bless you! bhagvān āpkā
  bhalā kare! (H), allāh kā
  shukr hA! (U)
blind andhā
blinds jhilmilī pardā
blister chhālā
blocked (road, sink etc) band
blond (adj: man/woman) chiттe
  bālō vālā/vālī
blood кhūn
  high blood pressure кhūn kā
  dabāv, raktchāp (H)
blouse blāwz, chōlī
blow-dry sukhāna-savārnā
  I'd like a cut and blow-dry
  mujhe bāl banvāne hA
blue nīlā
  blue eyes nīlī ākhe
blusher lālī singār
boarding house rahne awr
  khāne kī jagah
boarding pass bording pās
boat kishtī, nāv (H)

(for passengers) pānī kā jahāz
body sharīr (H), jism (U)
boiled egg ublā anDā
boiled water ublā pānī
bone haDDī
bonnet (of car) bāneT
book (noun) kitāb
(verb) buk karānā
can I book a seat? (said by man/woman) kyā mA sīT buk karā saktā/saktī hū?

dialogue

I'd like to book a table for two dō lōgō ke liye mez buk kar dege?
what time would you like it booked for? kitne baje ke liye buk karū?
half past seven sāRhe sāt baje
that's fine Thīk hA
and your name? awr apkā nām?

bookshop, bookstore kitābō kī dukān
boot (footwear) būT
(of car) sāman rakhne kī peTī
border (of country) sarhad, sīmā (H)
bored: I'm bored (said by man/woman) mA ūb gayā/gayī hū
boring boring
born: I was born in Manchester (said by man/woman) mA mAnchesTar me pAdā huā thā/thī

I was born in 1960 (said by man/woman) mA unnis saw sāTh me pAdā huā thā/thī
borrow māgnā
(money) udhār lenā
may I borrow ...? (said by man/woman) kyā mA ... māg saktā/saktī hū?
both dōnō
bother: sorry to bother you taklīf dene ke liye māf kījiye
bottle bōTal
bottle-opener bōTal khōlne kī chābī
bottom (of person) kūlhā
at the bottom of ... (hill) ... ke nīche
(street) ... ke āKhir me
box baks
box office TikaT ghar
boy laRkā
boyfriend bawy frenD
bra chōlī, brā
bracelet kangan
brake brek
brandy brānDī
brass pītal
bread Dabal rōTī
white bread safed Dabal rōTī
brown bread bhūrī Dabal rōTī
wholemeal bread chōkar vālī Dabal rōTī
break: I've broken the ... mujh se ... TūT gayā
I think I've broken my wrist lagtā hA merī kalāi TūT gayī
break down bigaRnā
I've broken down merī gāRī bigaR gayī

breakdown Kharāb
breakfast nāshtā
break-in: I've had a break-in
  mere yahā chōrī hōgayī
breast chhātī
breathe sās lenā
breeze havā
bridge (over river) pul
brief chhōtā
briefcase brīf kes
bright (light etc) Tez
  bright red chaTkīlā lāl
brilliant (idea) bahut baRhiyā
  (person) kamāl kā
bring lānā
  I'll bring it back later (said by
  man/woman) mA ye bād me
  vāpas lāūgā/lāūgī
Britain bartāniyā, briTen
British bartānvī, briTish
brochure pustikā (H), risālā (U)
broken TūTī huī
  (leg etc) TūTī
  it's broken ye TūT gayā hA
bronze kāsā
brooch jaRāū pin
broom jhārū
brother bhāi
brother-in-law (wife's brother)
  sālā
  (husband's older brother) jeThh
  (husband's younger brother) devar
  (sister's husband) bahnōī
brown bhūrā
  brown hair bhūre bāl
  brown eyes bhūrī ākhe
bruise chōT
brush (for hair) burush
  (artist's) kūchī

(for cleaning) jhārū
bucket bālTī
Buddhist (adj) bawddh
buffet car khāne-pīne kā
  Dibbā
buggy (for child) bacchā gāRī
building makān
bulb (light bulb) bijlī kā balb
bumper bampar
bunk taKhtā
bureau de change sikke
  badalne kā daftar
burglary chōrī
Burma barmā
Burmese barmī
burn (noun) jale kā dāh
  (verb) jalnā
burnt: this is burnt ye jalā
  huā hA
burst: a burst pipe phaTā
  nal
bus bas
  what number bus is it
  to ...? ... ke liye kawnse
  nambar kī bas hA?
  when is the next bus to ...? ...
  ke liye aglī bas kab hA?
  what time is the last bus?
  āKhirī bas kis vaKt hA?

dialogue

does this bus go to ...? kyā
ye bas ... jātī hA?
no, you need a number ...
jī nahī, āp ... nambar kī
bas le

business kārōbār, vyāpār (H)

bus station bas kā aDDā, bas sTeshan

bus stop bas sTāp

bust chhātī

busy (restaurant etc) kām me lage hue, vyast (H)

I'm busy tomorrow ma kal vyast hū̃ (H), ma kal masrūf hū̃ (U)

but lekin

butcher's kasāi kī dukān

butter makkhan

button baTan

buy Kharīdnā

where can I buy ...? (said by man/woman) mA ... kahā̃ Kharīd saktā/saktī hū̃

by*: by bus/car bas/kār se

written by ... ... ne likhā

by the window khiṛkī ke pās

by the sea samundar ke kināre

by Thursday brihaspativār tak (H), jumme rāt tak (U)

bye namaste (H), Khudā hāfiz (U)

C

cabbage pattā gōbhī

cabin (on ship) kAbin

cable car tār par chalne vālī gāṛī

café chāy-pānī kī dukān

cake kek

call (verb) bulānā

(to phone) phōn karnā

what's it called? is kō kyā kahte hA?

he is called ... inkā nām ... hA

please call the doctor Dākṭar kō bulāiye

please give me a call at 7.30 am tomorrow (kripayā) sāṛhe sāt baje mujhe phōn kījiye

please ask him to call me kripayā unkō kahiye ki mujhe phōn kare

call back: I'll call back later (said by man/woman) mA phir vāpas āūgā/āūgī

(phone back) mA phir phōn karūgā/karūgī

call round: I'll call round tomorrow (said by man/woman) mA kal phir āūgā/āūgī

camcorder kAm karDar

camera kAmrā

camera shop kAmre kī dukān

camp (verb) kAmp lagānā

can we camp here? kyā ham yahā̃ kAmp lagā sakte hA?

camping gas kAmp kī gAs

campsite kAmp kī jagah

can (tin) Dibbā

a can of beer bīyar kā kAn

can*: can you ...? (to man/woman) kyā āp ... sakte/saktī hA?

can I have ...? (said by man/woman) kyā mA ... le saktā/saktī hū̃?

I can't ... (said by man/woman) mA nahī̃ ... saktā/saktī

Canada kanāDā

Canadian kanāḌiyan
 I'm Canadian mA kanāḌiyan hū̃

canal nahar

cancel radd karnā

candle mōmbattī

candy miṬhāī

can-opener Ṭin khōlne kī chābī

cap (hat) Ṭōpī
 (of bottle) Dhakkan

car kār, mōṬar
 by car kar se

caravan kārvā̃

caravan site kārvā̃ kī jagah

card (birthday etc) karḌ
 here's my (business) card ye merā bijnes karḌ hA

cardigan ūnī jākeṬ

cardphone phōn kā karḌ

careful hōshiyār, sāvdhān (H)
 be careful! hōshiyār rahe!

caretaker (man/woman) rakhvālā/rakhvālī

car ferry kār le jāne vālā jahāz

carnival melā

car park kār Pārk

carpet galīchā

car rental kirāye kī kar

carriage (of train) Dibbā

carrier bag kharīdārī rakhne kā Thālā

carrot gājar

carry le jānā

carry-cot bacche kī bichhawnī

carton Dibbā

case (suitcase) sūṬkes, baksā

cash (noun) nakdī
 (verb) bhunānā

will you cash this for me? is kō bhunā deⓖe?

cash desk nakḌī kā kāunṬar

cash dispenser naKdī kī mashīn

cashier (cash desk) kAsh kāunṬar

cashew kājū

cassette kasAT

cassette recorder kasAT rikārḌar

castle Kilā

casualty department durghaṬnā vibhāg (H), hādse ka mahakmā (U)

cat billī

catch (verb) pakaRnā
 where do we catch the bus to ...? ... ke liye ham bas kahā pakRe?

cathedral khās girjā

Catholic (adj) kAThōlik (īsāi)

cauliflower gōbhī

cave gufā

ceiling chhat

celery selerī (ḌanThal)

cemetery kabristān

centigrade senṬigreḌ

centimetre senṬimīṬar

central bīch kā, kendrīy (H)

centre bīch, kendra (H)
 how do we get to the city centre? ham shahar ke bīchō-bīch kAse jāe?

cereal nāshte kā anāj

certainly zarūr

certainly not bilkul nahī̃

chair kursī

champagne shAmpen

change (noun: small change)
rezgārī
(money back) bākī pAse
(verb) badalnā
can I change this for ...? kyā
is kō mA ... me badal sakte hA?
I don't have any change mere
pās kōī rezgārī nahī hA
can you give me change of a
10-rupee note? āp das rupaye
kī rezgārī de sakte hA?

dialogue

do we have to change
(trains)? kyā hame gāṛī
badalnī paRegī?
yes, change at Kanpur/no
it's a direct train jī hā, āp
kānpur me gāṛī badle/jī
nahī ye sīdhī gāṛī hA

changed: to get changed
kapRe badalnā
charge (noun: fee, cost) kīmat
(verb) pAse lagnā
charge card chārj kārD
cheap sastā
do you have anything
cheaper? āpke pās is se
kuchh sastā hA?
check (verb) dekhnā
could you check it? ise jarā
dekh lege?
check (US) chAk
(US: in restaurant etc) bil
could I have the check? bil
lāiye?
check in darj karānā

where do we have to check
in? hame kahā darj karānā
hōgā?
check-in chAk in
cheek (on face) gāl
cheerio! phir milege!
cheers! (toast) chīyars!
cheese panīr
chemist's davākhānā
cheque chAk
chess shatranj
chest chhātī
chewing gum chuing gam
chicken (meat) murgī
chickenpox chhōṭī mātā
child (male/female) bacchā/
bacchī
children bacche
child minder bacche kī
dekhbhāl karne vālā
children's pool bacchō ke
nahāne kā pūl
children's portion baccho ke
liye
chilli mirch
green chilli harī mirch
red chilli lāl mirch
with chillies mirch vālā
without chillies binā mirch kā
chin ThōDī
China chīn
Chinese chīnī
chips tale ālū ke katle
(US) krisp
chocolate chākleT
milk chocolate dūdhvālī
chākleT
plain chocolate sādī chākleT
(binā dūdh kī)

a hot chocolate garam chākleT

choose chunnā

Christmas baRā din, krismas

Christmas Eve krismas se pahlā din

merry Christmas! baRā din mubārak!

church girjā

cider seb kī sharāb

cigar churuT

cigarette sigreT

cigarette lighter lāiTar

cinema sinemā

circle gōlā

(in theatre) bālkanī

city shahar

city centre shahar kā bīch

clean (adj) sāf

can you clean these for me? mere liye sāf kar dege?

cleaning solution (for contact lenses) sāf karne kā ghōl

cleansing lotion safā karne kā lōshan

clear sāf

(obvious) spashT (H), zāhir (U)

clever hōshiyār

cliff ūchī chaTTān

climbing chaRhnā

cling film chipchipī parat

clinic klinik

cloakroom kōT rakhne kā kamrā

clock gharī

close (verb: shop, suitcase etc) band karnā

(of shop etc) band hōnā

dialogue

what time do you close?
āp kis vakt band karte hA?
we close at 8pm on weekdays and 6pm on Saturdays sōm se shukrvār tak āTh baje shām kō awr shanīchar kō chhA baje band karte hA
do you close for lunch? āp dōpahar ke khāne ke liye band karte hA?
yes, between 1 and 3.30pm jī hā, ek awr sāRhe tīn baje ke bīch

closed band

cloth (fabric) kapRā

(for cleaning etc) sāf karne kā kapRā

clothes kapRe

clothes line kapRe phAlāne kī rassī

clothes peg kapRe Tāgne kī chimTī

cloud bādal

cloudy dhudhlā

clutch klach

coach (bus) bas

(on train) Dibbā

coach station bas kā aDDā

coach trip bas kī sAr

coast samandar kā kinārā, samudra taT (H)

on the coast samandar ke kināre par

coat (overcoat) kōT

(jacket) jākeT

coathanger kōт тāngne kī khūтī

cobbler mōchī

cobra phaniyar sāp, nāg (H)

cockroach tilchaттā

cocoa kōkō

coconut nāriyal

code (for phoning) kōD nambar

what's the (dialling) code for Kanpur? kānpur kō Dāyal karne kā kōD kyā hA?

coffee kahvā, kāfī

two coffees, please dō kāfī dījiye

coin sikkā

Coke® kōkā kōlā®

cold (adj) тhanDā

I'm cold mujhe тhanD lag rahī hA

I have a cold mujhe zukām hA

collapse: he/she has collapsed vō behōsh hōgayā/ hōgayī

collar kālar

collect lenā

I've come to collect ... (said by man/woman) mA ... lene āyā/ āyī hū

collect call rivars chārj kawl

college kālej

colour rang

do you have this in other colours? āpke pās ye dūsre rang me hA?

colour film rangīn 'film'

comb (noun) kanghī

come ānā

dialogue

where do you come from?
āp kahā se hA?
I come from Edinburgh mA
eDinbarā se hū

come back vāpas ānā

I'll come back tomorrow (said by man/woman) mA kal vāpas āūgā/āūgī

come in andar āiye

comfortable ārām deh

compact disc kāmpecт Disk

company (business) kampanī

compartment (on train) Dibbā

compass kampās

complain shikāyat karnā

complaint shikāyat

I have a complaint mujhe ek shikāyat hA

completely pūrī tarah se

computer kampūтar

concert sangīt sammelan

concussion chōт

conditioner (for hair) kanDīshanar

condom kanDōm

conference kānfrens, sammelan (H)

confirm pakkā karnā

congratulations! mubārakbād!, badhāī! (H)

connecting flight milānevālī flāiт

connection (in travelling) mel

conscious hōsh me hA

constipation kabz

consulate up-dūtāvās (H),

sifārat Khānā (U)

contact (verb) sampark karnā

contact lenses kōnTacT lAns

contraceptive garbh nirodhak golī

convenient suvidhā janak (H), māKul (U)

 that's not convenient ye suvidhā janak nahī hA

cook (verb) pakānā

 not cooked (underdone) adhpakā

cooker kukar

cookie biskuT

cooking utensils pakāne ke bartan

cool ThanDā

cork DāT

corkscrew kāgpech

corner: on the corner kōne par

 in the corner kōne me

cornflakes kārn flex

correct (right) Thīk

corridor galiyārā

cosmetics sāj-singār kī chīze

cost (verb) kīmat lagnā

 how much does it cost? is kī kīmat kyā hA?, kitne pAse lagēge?

cot khaTiyā

cotton sūt

cotton wool ruī

couch (sofa) sōfā

couchette barth, shāyikā (H)

cough (noun) khāsī

cough medicine khāsī ki davā

could: could you ...? (to man/woman) kyā āp ... sakte/saktī hA?

 could I have ...? (said by man/

woman) kyā mA ... le saktā/saktī hū?

 I couldn't ... (said by man/woman) mA nahī ... sakā/sakī

country (nation) mulk, desh (H)

 (countryside) dehāt

countryside dehāt

couple (two people) jōRā

 a couple of ... dō ...

courier harkārā

course (main course etc) dawr

 of course beshak

 of course not bilkul nahī

cousin (male/female) chacherā bhāī/chacherī bahan

cow gāy

cracker taRtaRā biskuT

craft shop dastkārī kī dukān

crash (noun) Takkar

 I've had a crash merī Takkar hōgayī

crazy pāgal

cream (in cake) krīm

 (lotion) marham

 (colour) krīm ke rang kā

creche krAch, shishu grih (H)

credit card kredit kārD

 do you take credit cards? kyā āp kredit kārD lete hA?

dialogue

can I pay by credit card? kyā āp kredit kārD lege?
which card do you want to use? (to man/woman) kawnsā kārD dege/degī?
Mastercard/Visa
yes, sir jī hā

what's the number? iskā nambar kyā hA?
and the expiry date? awr Khatam hōne kī tārīkh?

crisps krisp
crockery chīnī ke bartan
crocodile magar macchh
 (freshwater) ghaRiyāl
crossing (by sea) samundar pār karnā
crossroads chawrāhā
crowd bhīR
crowded bharā
crown (on tooth) khōl
cruise pānī ke jahāz kī sAr
crutches Tek
cry (verb) rōnā
cucumber khīrā
cup pyālā
 a cup of ..., please ek pyālā ... de dījiye
cupboard almārī
cure (verb) ilāj karnā
curly ghughrālā
current lahar
curtains parde
cushion gaddā
custom dastūr, prathā (H)
Customs chungī
cut (noun) kāT
 (verb) kāTnā
 I've cut myself mujhe chōT lag gayī
cutlery chhurī-kāTe
cycle shop sāikil kī dukān
cycling sāikil chalānā
cyclist (man/woman) sāikil vālā/vālī

D

dad pitā (H), abbā (U)
daily (adverb) rōzānā, pratidin (H)
 (adj) rōzānā kā, pratidin kā
dam bādh
damage (verb) bigaRnā
 damaged bigRī
 I'm sorry, I've damaged this māf kījiye, ye mujh se bigaR gayī
damn! dhat tere kī!
damp (adj) gīlā
dance (noun) nāch, nrity (H)
 (verb) nāchnā
 would you like to dance? (to man/woman) āp Dans karege/karegī?
dangerous Khatarnāk, bhayānak (H)
Danish Denish
dark (adj: colour) gahrā
 (hair) kālā
 it's getting dark ab andherā hō rahā hA
date*: what's the date today? āj kyā tārīkh hA?
 let's make a date for next Monday ham agle somvār ko mile?
dates (fruit) khajūr
daughter beTī
daughter-in-law bahū
dawn bahut subah, ushā kāl (H)
 at dawn bahut subah kō
day din

45

the day after kal
the day after tomorrow parsõ
the day before kal
the day before yesterday
parsõ
every day har rõz
all day sāre din
in two days' time dõ din me
day trip din bhar kī sAr
dead (man/woman) marā huā/
marī huī
deaf bahrā
deal (business) sawdā
it's a deal sawdā pakkā
death mawt
decaffeinated coffee binā
kAfīn kī kawfī
December disambar
decide tay karnā
we haven't decided yet
hamne abhī ye tay nahī
kiyā
decision fAslā, nirnay (H)
deck (on ship) DAk
deckchair DAk kursī
deep gahrā
definitely zarūr
definitely not bilkul nahī
degree (qualification) Digrī
delay (noun) der
deliberately jān būjh kar
delicious mazedār,
svādishT (H)
deliver de denā
delivery (of mail) bāT
Denmark Denmārk
dental floss dāt sāf karne kā
reshā
dentist dātõõ kā DākTar

dialogue

it's this one here yahā
par hA
this one? ye?
no, that one jī nahī, võ
dūsrā
here? yahā?
yes jī hā

dentures naklī dāt
deodorant DioDarenT
department mahakmā,
vibhāg (H)
department store DipārTmenT
sTõr
departure ravāngī,
prasthān (H)
departure lounge Dipārchar
lawnj
depend: it depends ye nirbhar
hA (H), ye munhasir hA (U)
it depends on ... ... par
nirbhar kartā hA (H), ... par
munhasir kartā hA (U)
deposit (as security) zamānat
(as part payment) jamā
dessert miThāī
destination jāne kī jagah
develop baRhānā

dialogue

could you develop these
films? āp ye filme dhõ
dege?
yes, certainly jī hā, zarūr
when will they be ready?
kab tAyār hõ jāyegī?

tomorrow afternoon kal
dōpahar kō
how much is the four-hour
service? chār ghanTe mẽ
tAyār karne ke kitne pAse
lagẽge?

diabetic (noun) madhumeh kā
bīmār
dial (verb) Dāyal karnā
dialling code Dāyal karne kā
kōD
diamond hīrā
diaper bacche kā pōTRā
diarrhoea pechish
do you have something for
diarrhoea? āp ke pās pechish
kī kōī davā hA?
diary Dāyrī
dictionary shabdkōsh (H),
lugat (U)
didn't* nahī
see not
die marnā
diesel Dīzal
diet Khurāk
I'm on a diet merī Khurāk
bandhī hA
I have to follow a special diet
mujhe ek Khās Khurāk lenī
paRtī hA
difference fark
what's the difference? kyā
fark hA?
different alag, muKhtalif (U)
this one is different ye alag hA
a different table dūsrī mez
difficult mushkil, kaThin (H)
difficulty mushkilāt,

kaThināyī (H)
dining room khāne kā kamrā
dinner (evening meal) shām kā
khānā
to have dinner khānā khāne
direct (adj) sīdhā
is there a direct train? kōī
sīdhī gāRī hA?
direction taraf
which direction is it? kis taraf
hA?
is it in this direction? kyā is
taraf hA?
directory enquiries pūchh
tāchh kī phōn lāin
dirt gandagī
dirty gandā
disabled apāhij
is there access for the
disabled? kyā apāhijõ ke liye
āne jāne kī sahūliyate hA?
disappear gāyab hōnā
it's disappeared ye gāyab
hōgayā
disappointed māyūs, nirāsh
disappointing nirāshājanak
disaster musībat
disco Diskō
discount kaTawtī
is there a discount? kīmat
mẽ koī kaTawtī hA?
disease bīmārī
disgusting Kharāb
dish (meal) khānā
(bowl) pyālā
dishcloth bartan põchhne kā
kapRā
disinfectant kīRe mārne kī
davā

disk (for computer) Disk
disposable nappies,
 disposable diapers nApī
distance dūrī
 in the distance dūr se
district zilā
disturb pareshān karnā
diversion (detour) dūsrā rāstā
diving board gōtā lagāne kā
 phaTTā
divorced talāKshudā
dizzy: I feel dizzy muje
 chakkar ārahā hA
do (verb) karnā
 what shall we do? ham kyā
 kare?
 how do you do it? (to man/
 woman) ye kAse karte/kartī
 hA?
 will you do it for me? kyā ye
 mere liye kar dege?

dialogues

how do you do? kyā hāl
hA?
nice to meet you āp se
milkar barī Khushī huī
what do you do? (to man/
woman) āp kyā kām karte/
kartī hA?
I'm a teacher, and you? mA
Tīchar hū̃, awr āp?
I'm a student mA sTuDent
hū̃
what are you doing this
evening? (to man/woman) āj
shāmkō āp kyā kar rahe/
rahī hA?

we're going out for some
tea, do you want to join
us? ham chāy-pānī ki
liye bāhar jāyege, kyā āp
hamāre sāth āyege?

do you want milk? āpkō
dūdh chāhiye?
I do, but she doesn't jī hā̃
mujhe chāhiye, magar
ise nahī

doctor (man/woman) DākTar/
 DākTarnī
we need a doctor hame
 DākTar kī zarūrat hA
please call a doctor DākTar
 kō bulāiye

dialogue

where does it hurt? kahā̃
dard kartā hA?
right here yahī
does that hurt now? kyā
abhī bhī dard hA?
yes jī hā̃
take this to the pharmacy
ye davā kī dukān par
lejāiye

document dastāvez
dog kuttā
doll guRiyā
domestic flight DomesTik
 flāiT, antardeshīy urān (H)
donkey gadhā
don't!* mat!
 don't do that! ye mat kījiye!

see not

door darvāzā

doorman darbān

double Dabal

double bed Dabal bistar

double room Dabal kamrā

down nīche

  down here yahā par

  put it down over there vahā rakh dījiye

  it's down there on the right ye vahā dāyī taraf hA

  it's further down the road isī saRak par thōRā āge

downmarket (restaurant etc) bāzārū

downstairs nīche kī ōr

dozen darzan

  half a dozen ādhā darzan

drain (in sink, road) nālī

draught beer pīpe kī bīyar

draughty: it's draughty ye havādār hA

drawer darāz

drawing khākā, rekhā chitr (H)

dreadful bahut burā

dream (noun) sapnā

dress (noun) pōshāk

dressed: to get dressed kapRe pahannā

dressing (for cut) marham-paTTī

  (for salad) salād chaTnī

dressing gown chōgā

drink (noun: alcoholic) sharāb

  (non-alcoholic) pīne kō kuchh

  (verb) pīnā

  a cold drink pīne kō kuchh ThanDā

  can I get you a drink? pīne ke liye kuchh lāū?

  what would you like (to drink)? āp kyā lege (pīne ke liye)?

  no thanks, I don't drink jī nahī, mA sharāb nahī pītā

  I'll just have a drink of water mujhe sirf pānī chāhiye

see bar

drinking water pīne kā pānī

  is this drinking water? kyā ye pīne kā pānī hA?

drive (verb) kār chalānā

  we drove here ham yahā kār me āye

  I'll drive you home (said by man/woman) mA āpko kār me le jāūgā/jāūgī

driver Drāivar

driving licence kār chalāne kā lāisens

drop: just a drop, please (of drink) bahut ThōRā dījiye

drug davā

drugs (narcotics) nashīlī davā

drunk (adj) nashe me chūr

dry (adj) sūkhā

dry-cleaner Drāiklīnar kī dukān

duck (meat) battaKh kā gōsht

due: he was due to arrive yesterday vō kal ānevālā Thā

  when is the train due? gāRī ke āne kā vakt kyā hA?

dull (pain) bejān

  (weather) dhudhlā

dummy (baby's) bacche kī chūsnī

during ke dawrān

dust dhūl
dustbin kūRedān
dusty dhūl bharā
Dutch Dach
duty-free (goods) binā mahsūl kā (sāmān)
duty-free shop binā mahsūl kī dukān
duvet razāi
dysentery pechish

E

each har ek
  how much are they each? har ek kā dām kyā hA?
ear kān
earache: I have earache mere kān me dard hA
early jaldī
early in the morning savere-savere
  I called by earlier (said by man/woman) mA pahle bhī āyā thā/thī
earrings bālī
east pūrab (H), mashrik (U)
  in the east pūrab me
Easter īsTar
eastern pūrabī (H), mashrikī (U)
easy āsān
eat khānā
  we've already eaten, thanks ham khā chuke hA, shukriyā
eau de toilette itar
economy class sastī klās

egg anDā
eggplant bAgan
either: either ... or ... ... yā ...
  either of them dōnō me se ek
elastic (noun) lachīlā
elastic band lachīlā fītā
elbow kōhnī
electric bijlī kā
electrical appliances bijlī kā sāmān
electric fire bijlī kī angīṭhī
electrician bijlī kā mistrī
electricity bijlī
elephant hāthī
elevator lifT
else: something else awr kuchh
  somewhere else awr kahī

dialogue

would you like anything else? āpkō awr kuchh chāhiye?
no, nothing else, thanks jī nahī, kuchh nahī

e-mail īmel
embassy dūtāvās (H), sifārat khānā (U)
emerald pannā
emergency khatre kī hālat
  this is an emergency! ye khatre kī hālat hA!
emergency exit khatre me bāhar jāne kā rāstā
empty khālī
end (noun) ākhir

(verb) Khatm hōnā
at the end of the street galī
ke āKhir mē
when does it end? ye kab
Khatm hōtā hA?
engaged (toilet, telephone)
istemāl mē hA
(to be married) sagāi hō chukī
hA
engine (car) injan
England inglAnD
English angrezī
I'm English mA angrez hū
do you speak English? (to
man/woman) āp angrezī bōlte/
bōltī hA?
enjoy: to enjoy oneself mazā
lenā

dialogue

> **how did you like the film?**
> āpkō 'film' kAsī lagī?
> **I enjoyed it very much, did
> you enjoy it?** mujhe bahut
> acchhī lagī, āpkō acchhī
> lagī?

enjoyable mazedār
enlargement (of photo) baRā
banānā
enormous bahut baRā
enough kāfī
there's not enough ye kāfī
nahī
it's not big enough ye kam
baRī hA
that's enough ye kāfī hA
entrance (noun) andar āne kā

rāstā, pravesh (H)
envelope lifāfā
epileptic mirgī kā bīmār
equipment sāmān
error galtī
especially Khāskar
essential zarūrī
it is essential that ... ye zarūrī
hA ki ...
Europe yūrōp
European yūrōpian
even (even the ...) bhī
even if ... chāhe ...
evening shām
this evening āj shām kō
in the evening shām kō
evening meal shām kā khānā
eventually āKhir kār
ever kabhī

dialogue

> **have you ever been to
> Jaipur?** (to man/woman) āp
> kabhī jApur gaye/gayī hA?
> **yes, I was there two years
> ago** (said by man/woman) jī
> hā, mA vahā dō sāl pahle
> thā/thī

every har ek
every day har rōz
everyone har ek
everything har chīz
everywhere har kahī
exactly! bilkul!
example misāl, udāharan (H)
for example misāl ke tawr
par

excellent baRhiyā
  excellent! bahut ƙhūb!
except ke sivā
excess baggage had se zyādā
  sāmān
exchange rate sikke badalne
  kī dar
exciting mazedār
excuse me (to get past, to say
  sorry) māf kījiye
  (to get attention) suniye
exhausted (man/woman) thakā
  huā/thakī huī
exhibition numāish,
  pradarshinī (H)
exit bāhar jāne kā rāstā, nikās
  (H)
  where's the nearest exit? sab
  se nazdīk bāhar jāne kā rāstā
  kahā hA?
expect (wait for) rāh dekhnā
  (hope) ummīd karnā
expensive mahangā
experienced anubhavī (H),
  tajrabā kār (U)
explain batlānā
  can you explain that? (to man/
  woman) kyā āp batlā sakte/
  saktī hA?
express (mail) Akspres Dāk
  (train) Dāk gāRī
extension (telephone) phōn kā
  AksTAnshan
  extension 221, please
  AksTAnshan do saw ikkīs
  dījiye
extension lead bijlī ke tār kā
  AksTAnshan
extra: can we have an extra

one? hame ek awr chāhiye
do you charge extra for that?
  kyā iskā dām alag hA?
extraordinary ajīb
extremely bahut
eye ākh
  will you keep an eye on my
  suitcase for me? mere sūTkes
  kī nigrānī rakhe
eyebrow pencil bhawhõ kō
  savārne kī pAnsil
eye drops ākh me Dālne kī
  davā
eyeglasses (spectacles)
  chashmā
eyeliner vilāyatī kājal
eye make-up remover ākh ka
  mekap haTāne kī chīz
eye shadow ākh ke nīche
  lagāne kā pāwDar

F

face chehrā
factory kārƙhānā
Fahrenheit fāranhāiT
faint (verb) behōsh hō jānā
  she's fainted vō behōsh
  hōgayī
  I feel faint mujhe chakkar
  ārahe hA
fair (funfair) melā
  (trade) hāT-bāzār
  (adj) gōrā
fairly īmāndārī se
fake (imitation) naklī
  (forgery) jālī
fall (verb) girnā

(US: noun) patjhaR (H),
кhizā (U)
in the fall patjhaR me
she's had a fall vō gir paRī
false jhūthā
family parivār (H), kunbā (U)
famous mashhūr
fan (electrical) bijlī kā pankhā
(handheld) hāТh kā pankhā
(sport etc) shaukīn
fantastic (good) bahut baRhiyā
far dūr

dialogue

is it far from here? kyā
yahā se dūr hA?
no, not very far jī nahī,
bahut dūr nahī
well, how far? acchhā,
kitnī dūr?
it's about 20 kilometres
Karīb bīs kilōmīТar hA

fare (for bus etc) kirāyā
farm kheТ
fashionable fАshan parast
fast Тez
fat (person) mōТā
(noun: on meat) charbī
father pitā (H), vālid (U)
father-in-law sasur
faucet ТōТī
fault galtī
sorry, it was my fault māf
kījiye, ye merī galtī thī
it's not my fault merī galtī
nahī hA
faulty (equipment) nuкs vālā

favourite dilpasand
fax (noun) fАks
(verb: person) fАks karnā
(document) fАks kar denā
February farvarī
feel: I feel hot mujhe garmī
lag rahī hA
I feel unwell merī tabiyat
Тhīk nahī hA
I feel like going for a walk
(said by man/woman) mА
ghūmne jānā chāhtā/chāhtī
hū
how are you feeling? (to man/
woman) āp kАse/kАsī hA?
I'm feeling better mА behtar
hū
felt-tip (pen) reshe ke nōk vālī
kalam
fence bārā
fender bampar
ferry kishtī
festival tyōhār
fetch le ānā
I'll fetch him (said by man/
woman) mА use le āūgā/āūgī
will you come and fetch me
later? āp ākar bād me mujhe
le jāye
feverish harārat
few: a few thōRā
a few days thōRe din
fiancé/fiancée mangetar
field mАdān
fight (noun) laRāi
figs anjīr
fill in bharnā
do I have to fill this in? kyā
mujhe ye bharnā paRegā?

fill up bhar denā
fill it up, please ise bhar
dījiye
filling (in cake, sandwich) bharne
kī chīz
(in tooth) dāt me bharne kā
masālā
film 'film'

dialogue

do you have this kind of
film? āpke pās is kism kī
'film' hA?
yes, how many exposures?
jī hā, kitne phōTō khīchne
vālī?
36 chhattīs

film processing 'film' dhōnā
filthy (room etc) gandā
find (verb) milnā
I can't find it mujhe nahī mil
rahā
I've found it mujhe mil gayā
find out patā karnā
could you find out for me? āp
mere liye patā kar le?
fine (weather) acchhā
(punishment) jurmānā

dialogues

how are you? (to man/woman)
āp kAse/kAsī hA?
I'm fine thanks Thīk hū,
shukriyā

is that OK? kyā ye Thīk hA?

that's fine thanks jī hā, yi
Thīk hA

finger unglī
finish Khatm hōnā
(doing something) Khatm karnā
I haven't finished yet mAne
abhī Khatm nahī kiyā
when does it finish? ye kab
Khatm hōtā hA?
fire āg
(blaze) tez āg
fire! āg lagī hA!
can we light a fire here? (said
by man/woman) kyā ham yahā
āg jalā sakte/saktī hA?
it's on fire is me āg lagī hA
fire alarm āg lagne ke Khatre
kī ghanTī
fire brigade damkal
fire escape āg se bachne kā
rāstā
fire extinguisher āg bujhāne
kā purzā
first pahlā
I was first (said by man/woman)
mA sabse pahle Thā/Thī
at first pahle
the first time pahlī bār
first on the left bāyī taraf
pahlā
first aid fasT eD
first-aid kit fasT eD kā baksā
first class (travel etc) pahlā darjā
first floor pahlī manzil;
(US) nichlī manzil
first name shuru kā nām
fish (noun) machhlī
fishmonger's machhlī vālā

fit (attack) dawrā
  it doesn't fit me ye mujhe
  ṬHīk nahī̃ bAṬHtā
fitting room kapṛe ājmāne kā
  kamrā
fix (verb: arrange) pakkā karnā
  can you fix this? (repair) is kī
  marammat kar sakte hA?
fizzy ṬHarre vālā
flag jhanḌā
flannel (facecloth) chhōṬā
  tawliyā
flash (for camera) kAmre kī
  flAsh
flat (noun: apartment) flAṬ
  (adj) chapṬā
  I've got a flat tyre mere
  pahiye kī havā nikal gayī
flavour zāykā (U), svād (H)
flea pissū
flight uṛān
flight number uṛān kā nambar
flippers flipar
flood bāṛh, sAlāb (U)
floor (of room) farsh
  (storey) manzil
  on the floor farsh par
florist phūl vālā
flour āṭā
flower phūl
flu flū
fluent: he speaks fluent Hindi
  vō pharrāṬe se hindī bōlta hA
fly (noun) uṛān
  (verb) havāi jahāz se jānā
  can we fly there? kyā ham
  vahā̃ havāi jahāz se jā sakte
  hA?
fly in havāi jahāz se ānā

fly out havāi jahāz se jānā
fog kuhrā
foggy: it's foggy kuhrā chhāyā
  hA
folk dancing lōk nritya
folk music lōk saṅgīt
follow pīchhe ānā
  follow me mere pīchhe āye
food khānā
food poisoning Kharāb khāne
  se pAdā huī bīmārī
food shop/store khāne kī
  chīzō̃ kī dukān
foot (of person) pAr
  (measurement) fuṬ
  on foot pAdal
football fuṬbāl
football match fuṬbāl mAch
for: do you have something for
  ...? (headache, diarrhoea etc) āpke
  pās ... ke liye kuchh hA?

dialogues

who's the sag gosht for?
ye sāg gōsht kiske liye hA?
that's for me ye mere
liye hA
and this one? awr ye?
that's for her ye iske liye

where do I get the bus
for Chandigarh? mujhe
chanḌīgaRh ke liye bas
kahā̃ milegī?
the bus for Chandigarh
leaves from Sadar Bazar
chanḌīgaRh ke liye bas
sadar bāzār se chhūṬṭī hA

how long have you been here? āp yahā kitne din se hA?

I've been here for two days, how about you? mA yahā dō din se hū, awr āp?

I've been here for a week mA yahā ek hafte se hū

forehead māthā
foreign pardesh
foreigner pardeshī
forest jangal
forget bhūl jānā

I forget mA bhūl jātā hū

I've forgotten (said by man/ woman) mA bhūl gayā/gayī

fork (for eating) kāTā
(in road) rāstā baT jānā
form (document) fāram
formal (dress) pōshāk
fortnight dō hafte
fortunately Khush kismatī se
forward: could you forward my mail? āp merī Dāk āge bhej dege?

forwarding address āge bhejne kā patā
foundation cream fāunDeshan krīm
fountain (ornamental) fuvvārā
(for drinking water) chashmā
foyer DyawDhī
fracture (noun) TūTī haDDī
France frāns
free āzād, svatantra (H)
(no charge) muft

is it free (of charge)? kyā ye muft hA?

freeway khulī saRak
freezer frīzar
French frānsīsī
French fries tale ālū ke katle
frequent bār bār

how frequent is the bus to Agra? āgrā ke liye bas kab kab jātī hA?

fresh tāzā
fresh orange juice santare kā tāzā ras
Friday shukr vār (H), zummā (U)
fridge friz
fried talā huā
fried egg talā huā anDā
friend dōst
friendly dōstānā
from se

when does the next train from Amritsar arrive? amritsar se aglī gāRī kab ātī hA?

from Monday to Friday sōmvār se shukrvār tak (H), pīr se zumme tak (U)

from next Thursday agle brihaspativār se (H), agle zumme rāt se (U)

dialogue

where are you from? āp kahā se hA?

I'm from Slough mA Slough se hū

front (part) aglā hissā
in front sāmne
in front of the hotel hōTal ke sāmne

at the front bilkul sāmne
frost pālā
frozen jamā huā
frozen food jamā huā khānā
fruit phal
fruit juice phal kā ras
frying pan kaRhāi
full bharā
  it's full of ... ye ... se
  bharā hA
  I'm full merā peT bharā hA
full board sab khāne
fun: it was fun ye hasī-mazāK
  Thī
funeral antyeshTi sanskār (H),
  janāzā (U)
funny (strange) ajīb
  (amusing) mazāKiyā
furniture mez kursī vagArā
further āge
  it's further down the road isī
  saRak par awr āge hA

dialogue

how much further is it to
Chandni Chauk? chādnī
chawk awr kitnī dūr hA?
about 5 kilometres Karib
pāch kilōmīTar

fuse (noun) bijlī kā fyuz
  the lights have fused battī
  chalī gayī
fuse box fyūz kā baksā
fuse wire fyūz kī Tār
future bhavishya (H),
  mustakbil (U)
  in future āge

G

gallon gAlan
game (match, cards etc) khel
  (meat) shikār
garage (for fuel) peTrōl sTashan
  (for repairs, parking) gArāj
garden bāg
garlic lahsan
gas gAs
gas can peTrōl kā
  kanasTar
gas cylinder gAs silanDar
gasoline (US) peTrōl
gas permeable lenses gAs
  parmiebal lAns
gas station peTrōl sTashan
gate phāTak
  (at airport) rāstā
gay (homosexual) samlingī (H)
gearbox giyar baksā
gear lever giyar badalne kī
  chhaR
gears giyar
general (adj) ām,
  sādhāran (H)
general delivery chiTThī jamā
  karne vālā DākKhānā
gents' toilet purush
  shawchālay (H), mardānā
  pākhānā (U)
genuine (antique etc) aslī
German jarman
Germany jarmanī
get (fetch) lānā
  could you get me another
  one, please? mere liye ek
  awr lāiye

how do I get to ...? mA ...
kAse jāu?

do you know where I can get
them? āpkō mālūm hA ki ye
mujhe kahā milege?

dialogue

can I get you a drink? pīne
ke liye kuchh lāu?

no, I'll get this one, what
would you like? (to man/
woman) jī nahī, ye mere par
hA, āp kyā lege/legī?

a glass of red wine ek gilās
rAD vāin

get back (return) vāpas ānā
get in (arrive) pahuchnā
get off utarnā

where do I get off? (off bus etc)
mA kahā utrū?

get on (to train etc) chaRhnā
get out (of car etc) bāhar
nikalnā

get up (in the morning) uThnā
gift tōhfā
gift shop tōhfe ke chīzō kī
dukān

gin jin

a gin and tonic, please jin
awr Tawnik lāiye

girl laRkī
girlfriend (sweetheart) mahbūbā
(woman's female friend) sahelī
give denā

can you give me some
change? mujhe kuch rezgārī
dege?

I gave it to him mAne ye use
de diyā

will you give this to ...? āp ye
... kō dege?

dialogue

how much do you want for
this? āp iske kitne pAse
lege?

60 rupees sāTh rupaye

I'll give you 50 rupees (said
by man/woman) mA pachās
rupaye dūgā/dūgī

give back vāpas denā
glad Khush, prasann (H)
glass (material) kāch
(for drinking) gilās

a glass of red wine ek gilās
rAD vāin

glasses (spectacles) chashmā
gloves dastāne
glue (noun) gōd
go jānā

we'd like to go to the Taj
Mahal hame tājmahal jānā hA

where are you going? (to man/
woman) āp kahā jā rahe/jā rahī
hA?

where does this bus go? ye
bas kahā jātī hA?

let's go! chalō chale!

she's gone vō chalī gayī

where has he gone? vō kahā
gayā hA?

I went there last week (said by
man/woman) mA vahā pichhle
hafte gayā/gayī

samosa to go samōse bāhar
le jāne ke liye
go away chale jānā
go away! chale jāō!
go back (return) vāpas jānā
go down (the stairs etc) nīche
jānā
go in (enter) andar jānā
go out (in the evening) bāhar jānā
do you want to go out
tonight? (to man/woman) āj
shām kahī bāhar jānā chāhte/
chāhtī hA?
go through ... ... se hō kar jānā
go up (the stairs etc) ūpar jānā
goat bakrī
god devtā
God īshvar (H), allah (U)
goddess devī
goggles dhūp kā chashmā
gold sōnā
golf gōlf
golf course gōlf kā mAdān
good acchhā
good! bahut acchhā!
it's no good ye bekār hA
goodbye namaste (H), khudā
hāfiz (U)
good evening namaste (H),
assalam ālekam (U)
good morning namaste (H),
assalam ālekam (U)
good night namaste (H),
khudā hāfiz (U)
goose batakh
got: we've got to leave hame
jānā hA
have you got any ...? āpke
pās kōī ... hA?

government sarkār
gradually dhīre dhīre, āhistā
āhistā (U)
grammar vyākaran (H),
Kavāyad (U)
gram(me) grām
granddaughter pōtī
grandfather dādā
grandmother dādī
grandson pōtā
grapefruit chakōtrā
grapefruit juice chakōtre kā ras
grapes angūr
grass ghās
grateful ehsānmand
gravy shōrbā
great (excellent) baRhiyā
that's great! bahut baRhiyā!
a great success baRī
kāmyābī
Great Britain briTen
Greece yūnān
greedy lālchī
Greek yūnānī
green harā
greengrocer's sabzī vālā
grey bhūrā
grilled sikā huā
grocer's pansārī
ground zamīn
on the ground zamīn par
ground floor nichlī manzil
group Tōlī, dal (H)
guarantee (noun) gāranTī
is it guaranteed? kyā iskī
gāranTī hA?
guest mehmān
guesthouse Thaharne kī jagah
guide (noun) gāiD

guidebook gāiD buk
guided tour gāiD ke sāth sAr
guitar gitār
Gujarati gujrātī
gum (in mouth) masūRā
gun bandūk
gym kasrat kī jagah, vyāyām
shālā (H)

H
▬

hair bāl
hairbrush bālō kā burush
haircut bāl kaTāi
hairdresser's (men's) nāi,
hajjām (U)
(women's) heyar Dresar
hairdryer heyar Drāyar
hair gel heyar jAl
hairgrips heyar pin
hair spray heyar spre
half* ādhā
half an hour ādhā ghanTā
half a litre ādhā liTar
about half that is kā ādhā
half board ek vakt kā khānā
half-bottle ādhī bōtal
half fare ādhā kirāyā
half-price ādhī kīmat
ham sūar kā ublā gōsht
hamburger hAmbargar
hammer hathawRā
hand hāth
handbag hAnD bAg
handbrake hAnD brek
handkerchief rumāl
handle (on door) hatthā
(on suitcase etc) hAnDal

hand luggage hāth me le jāne
vālā sāmān
hangover Khumār
I've got a hangover mujhe
Khumār chaRhī hA
happen hōnā
what's happening? kyā hō
rahā hA?
what has happened? kyā
hōgayā?
happy Khush
I'm not happy about this
mujhe is se tasallī nahī hA
harbour bandargāh
hard saKht
(difficult) mushkil
hard-boiled egg Khūb ublā
anDā
hard lenses mazbūt lAns
hardly shāyad hī
hardly ever shāyad hī kabhī
hardware shop lōhe ke sāmān
kī dukān
hat Tōp
hate (verb) nafrat karnā
have* hōnā
(take) lenā
can I have a ...? (said by man/
woman) kyā mA ... le saktā/
saktī hū?
do you have ...? āpke pās ...
hA?
what'll you have? (drink: to man/
woman) āp kyā lege/legī?
I have to leave now mujhe ab
jānā hōgā
do I have to ...? kyā mujhe ...
hōgā?
can we have some ...? hame

kuchh ... milegā?
hayfever mawsamī bukhār
hazelnuts pahāRī bādām
he* (person nearby) ye
 (person further away) vō
head sir
headache sir dard
headlights āge kī baRī battī
headphones hADphōn
healthy (person) svasTh (H),
 tandurast (U)
 (food, climate) svāsThyprad (H),
 sehat bakhsh (U)
hear sunnā

dialogue

> can you hear me? āpkō
> sunāi detā hA?
> I can't hear you, could you
> repeat that? mujhe sunāi
> nahī detā, āp phir kahiye

hearing aid sunne me madad
 dene kī mashīn
heart dil
heart attack dil kā dawrā
heat garmī
heater hīTar
heating hīting
heavy bhārī
heel (of foot) eRī
 (of shoe) jūte kī eRī
 could you heel these? jūte
 me eRī lagā dō
heelbar eRī lagāne kā
 kāwnTar
height (of person) kad
 (of mountain) ūchāi

hello namaste (H), salām (U)
 (on phone) halō
helmet (for motorcycle) hifāzat
 kā Tōp
help (noun) madad
 (verb) madad karnā
help! bachāō!
can you help me? (to man/
 woman) kyā āp merī madad
 karege/karegī?
thank you very much for your
 help āp kī madad ke liye
 bahut shukriyā
helpful madad gār
hepatitis hepTāiTis
her* (direct object: nearby) ise
 (further away) use
 (possessive: person nearby) inkā
 (person further away) unkā
I haven't seen her mAne ise
 nahī dekhā hA
to her iskō
with her iske sāth
for her iske liye
that's her ye vahī hA
herbal tea jaRī būTī kī chāy
herbs jaRī būTiyā
here yahā
here is/are ... ye hA/hA ...
here you are (offering) ye lījiye
hers* (referring to person nearby)
 iskā
 (referring to person further away)
 uskā
that's hers ye iskā hA
hey! are!
hi! halō!
hide chhipnā
 (something) chhipānā

high ūchā
highchair bacche kī ūchī kursī
highway khulī saRak
hill pahāṛī
him* (person nearby) ise (person further away) use
to him iskō
with him iske sāth
for him iske liye
I haven't seen him mAne ise nahī dekhā hA
that's him ye vahī hA
Himalayas himālay pahāṛ
Hindi hindī
Hindu hindū
hip kūlhā
hire kirāye par lenā
for hire kirāye ke liye
where can I hire a bike? kirāye par sāikil kahā milegī?
his* (referring to person nearby) iskā
(referring to person further away) uskā
that's his ye iskā hA
hit (verb) mārnā
hitch-hike muft savārī karnā
hobby shawk
hold (verb) pakaRnā
hole chhed
holiday chhuTTī
on holiday chhuTTī par
home ghar
at home (in my house etc) ghar par
(in my country) apne ghar jAsā
we go home tomorrow (said by man/woman) ham kal apne

mulk jāyege/jāyegī
honest īmāndār
honey shahad
honeymoon suhāgrāt
hood (US: of car) bāneT
hope ummīd, āshā (H)
I hope so mujhe Asī ummīd hA
I hope not mujhe ummid hA Asā nahī hōgā
hopefully ummīd hA
horn (of car) bhōpū
horrible bahut burā
horse ghōRā
horse-drawn carriage ghōRā gāRī, tāgā
horse riding ghuR savārī
hospital aspatāl
hospitality mehmāndārī
thank you for your hospitality āpkī mehmāndārī ke leye shukriyā
hot garam
(curry etc) tez
I'm hot mujhe garmī lag rahī hA
it's hot today āj garam hA
is it very hot? (curry etc) kyā is me tez mirch hA?
not too hot (curry etc) zyādā tez nahī
hotel hōTal
hotel room hōTal kā kamrā
hour ghanTā
house (home) ghar
(building) makān
how kAse
how many? kitne?
how do you do? kyā hāl hA?

dialogues

English ↓ Hindi/Urdu

how are you? (to man/
woman) āp kAse/kAsī hA?
fine, thanks, and you? mA
Thīk hū, shukriyā, awr āp
Thīk hA?

how much is it? is kī kīmat
kyā hA?
100 rupees sau rupaye
I'll take it (said by man/woman)
mA ise le lūgā/le lūgī

humid sīlā
hungry bhūkhā
are you hungry? (kyā) āpkō
bhūkh lagī hA?
hurry (verb) jaldī karnā
I'm in a hurry mujhe jaldī hA
there's no hurry jaldī kī kōī
bāt nahī
hurry up! jaldī karō!
hurt (injure) chōT lagnā
it really hurts ye dard kartā
hA
husband pati (H), Khāvind (U)

I

I mA
ice barf
with ice barf ke sāTh
no ice, thanks barf nahī,
shukriyā
ice cream āiskrīm
ice-cream cone āiskrīm kōn
iced tea barfīlī chāy

ice lolly chūsne vālī āiskrīm
idea Khayal, vichār (H)
idiot buddhū
if agar
ill bīmār
I feel ill merī tabiyat Thīk nahī
illness bīmārī
imitation (leather etc) naklī
immediately fawran, turant (H)
important zarūrī
it's very important ye bahut
zarūrī hA
it's not important ye zarūrī
nahī
impossible nāmumkin,
asambhav (H)
impressive rōbdār, prabhāv
shālī (H)
improve behtar banānā
I want to improve my Hindi
mA apnī hindī behtar banānā
chāhtā/chāhtī hū
in: it's in the centre ye bīch
me hA
in my car merī kār me
in Kanpur kānpur me
in two days from now dō din
bād
in five minutes pāch minaT
me
in May mayī me
in English angrezī me
in Hindi hindī me
is he in? kyā vō yahā hA?
inch 'inch'
include shāmil
does that include meals?
(kyā) is me khānā bhī shāmil
hA?

is that included? kyā ye bhī shāmil hA?

inconvenient nāmunāsib, asuvidhā janak (H)

incredible (very good) tājjub kā

India bhārat

Indian bhārtīy

Indian Ocean hind mahāsāgar

indicator (on car) inDikaTar

indigestion badhazmī

indoor pool bhītar kā tālāb

indoors makān ke andar

inexpensive sasTā

infection phAlne vālī bīmārī

infectious phAlne vālā

inflammation sūjan

informal sādā, anOpchārik (H)

information jānkārī, sūchnā (H)

do you have any information about ...? āpkō ... ke bare me kōī jānkārī hA?

information desk jānkārī kī jagah

injection injekshan

injured ghāyal

she's been injured vō ghāyal hōgAi

in-laws sasurāl vāle

inner tube Tāyar kī Tyūb

innocent (not guilty) begunāh, nirdōsh (H)

insect kīRā

insect bite kīRā kāTnā

do you have anything for insect bites? āpke pās kīre kī kāT ke liye kōī davā hA?

insect repellent kīRe mārne kī davā

inside andar

inside the hotel hōTal ke andar

let's sit inside chaliye, andar bAThe

insist āgrah (H), isrār (U)

I insist merā āgrah (H)/isrār (U) hA

insomnia nīd na ānā

instant coffee fawran banne vālī kāfī, 'instant' kāfī

instead kī bazāy

give me that one instead iskī bazāy vō dījiye

instead of ... kī bazāy ...

insulin 'insulin'

insurance bīmā

intelligent tez

interested: I'm interested in ... merī ... me dilchaspī hA

interesting dilchasp

that's very interesting ye bahut dilchasp hA

international antar-rāshTrīy (H), bAnul aKvāmī (U)

Internet inTarneT

interpret anuvād karnā (H), tarzumā karnā (U)

interpreter dubhāshiyā

intersection chawrāhā

interval (at theatre) inTarval

into ke andar

I'm not into ... merā ... me rujhān nahī hA

introduce milānā, parichay karānā (H)

may I introduce ...? ... se miliye

invitation dāvat, nimantran (H)

invite dāvat denā, nimantran

denā (H)
Ireland āyarlAnD
Irish āyarish
 I'm Irish (said by man/woman)
 mA āyarlAnD kā rahne vālā/
 vālī hū
iron (for ironing) istarī
 can you iron these for me?
 (to man/woman) kyā mere liye
 inpar istarī kar dege/degī?
is* hA
island Tāpū
it ye
 it is ... ye ... hA
 is it ...? kyā ye ... hA?
 where is it? ye kahā hA?
 it's him ye vahī hA
 it was ... ye ... Thā
Italian iTāliyan
Italy iTalī
itch: it itches is me khujlī
 hōtī hA

J

jacket jākeT
Jainism jAn dharm
jam murabbā
jammed: it's jammed ye dab
 gayā
January janvarī
jar martbān
jaw jabRā
jazz jāz sangīt
jealous shakkī
jeans jīn
jellyfish jelī fish
jersey jarsī

jetty ghāT
jeweller's jawharī
jewellery javāhirāt
Jewish yahūdī
job kām
jogging dhīre dhīre dawRnā
 to go jogging dawRne kī
 kasrat karnā
joke mazāk
journey safar, yātrā (H)
 have a good journey!
 kHAriyat se jāye!
jug jag

 a jug of water pānī kā jag
juice ras
July julāi
jump (verb) kūdnā
jumper jampar
junction jankshan
June jūn
just (only) sirf
 just two sirf dō
 just for me sirf mere liye
 just here yahī
 not just now abhī nahī
 we've just arrived ham abhī
 āye hA

K

keep rakhnā
keep the change rezgārī
 rakhiye
can I keep it? (said by man/
woman) kyā mA ise rakh saktā/
saktī hū?
please keep it āp ise rakh

līzhiye
ketchup chaTnī
kettle ketlī
key chābī
  the key for room 201, please
  kamrā nambar do so ek kī
  chābī
keyring chābī kā chhallā
kidneys gurdā
kill mārnā
kilo kilō
kilometre kilōmīTar
  how many kilometres is it to
  ...? ... kitne kilōmīTar hA?
kind (generous) meharbān,
  udār (H)
  (helpful) dayālu (H), madadgār
  (U)
  that's very kind āpkī barī
  meharbānī

dialogue

  which kind do you want?
  āpkō kis kism kā chāhiye?
  I want this kind mujhe is
  kism kā chāhiye

king rājā
kiosk būth
kiss (noun) chummā
  (verb) chūmnā
kitchen rasōī
kitchenette chhōTī rasōī
Kleenex® kāgaz ke rumāl
knee ghuTnā
knickers nikar
knife chākū
knock (verb) Thōknā

knock down (in road accident) ke
  nīche ānā
  he's been knocked down vō
  gāRī ke nīche āgayā
knock over (object) Takrā jānā
know jānanā
  I don't know mujhe mālūm
  nahī, mujhe pata nahī
  I didn't know that mujhe ye
  mālūm nahī Thā
  do you know ...? kyā āp
  jānate hA ...?

L

label lebal
ladies' compartment (on train)
  janānā Dibbā
ladies' room, ladies' toilets
  janānā gusal Khānā, mahilā
  shawchālay (H)
ladies' wear awrtō ke kapRe
lady mahilā (H), Khātūn (U)
lager lāgar bīyar
lake jhīl
lamb (meat) bheR kā gōsht
lamp battī
lane (of motorway) rāsTā
  (alley) galī
language bhāshā (H), zabān (U)
language course bhāshā pāthy
  kram (H), lAngvez kōrs
large baRā
last āKhirī
  (previous) pichhlā
  last week pichhle hafte
  last Friday pichhle shukrvār
  kō (H), jumme kō (U)

last night kal rāt

what time is the last train to Varanasi? vārānasī ke liye ākhirī gāŗī kitne baje jāyegī?

late der

sorry I'm late māf kījiye, mujhe der hōgayī

the train was late gāŗī der se āyī

we must go — we'll be late hame chalnā chāhiye nahī̃ tō der hōjāyegī

it's getting late ab der hō rahī hA

later bād me

(again) phir

I'll come back later (said by man/woman) mA phir āu̅gā/āu̅gī

later on bād me

see you later on bād me milege

latest ākhirī

by Wednesday at the latest zyādā se zyādā budhvār tak

laugh (verb) hasnā

launderette, laundromat dhulāi kī dukān

laundry (clothes) dhulāi ke kapŖe

(place) dhulāi ghar

lavatory shawchālay (H), pākhānā (U)

law kānūn

lawn ghās kā mAdān

lawyer vakīl

laxative julāb

lazy sust

lead (electrical) bijlī kā tār

(verb) āge le jānā

where does this lead to? kis ōr le jātā hA?

leaf pattā

leaflet pannā

leak (noun) chhed

(verb) chūnā

the roof leaks chhat chū rahī hA

learn sīkhnā

least: not in the least hargiz nahī̃

at least kam se kam

leather chamŖā

leave (go away) chhū̃Tnā

(leave behind) chhōŖnā

I am leaving tomorrow (said by man/woman) mA kal jā rahā/jārahī hū̃

he left yesterday vō kal chalā gayā

when does the bus for Shimla leave? shimlā ke liye bas kab chhuŢŢī hA?

may I leave this here? (said by man/woman) kyā mA ise yahā̃ chhōŗ saktā/saktī hū̃?

I left my coat in the bar merā koŢ bār me chhūŢ gayā

leeks gandanā

left bāyā̃

on the left bāyī taraf

to the left bāyī taraf

turn left bāyī taraf muŖe

there's none left kuchh nahī̃ bachā

left-handed khabbā

left luggage (office) chhuŢe sāmān kā daftar

leg Ţāg

lemon nībū
lemonade lemaneD
lemon tea nībū vālī chāy
lend udhār denā
  will you lend me your ... ? āp
  mujhe āpnā ... udhār dege?
lens (of camera) lAns
lesbian lAsbiyan
less kam
  less than se kam
  less expensive kam mahangā
lesson sabaK, pāTh (H)
let (allow) karne denā
  will you let me know? (to man/
  woman) āp mujhe batā dege/
  degī?
  I'll let you know (said by man/
  woman) mA āpkō batā dūgā/
  dūgī
  let's go for something to eat
  chaliye, kuchh khāne chale
let off: will you let me off at ...?
  āp mujhe ... par chhōR dege?
letter chiTThī, patr (H)
  do you have any letters for
  me? mere liye kōī chiTThī
  hA?
letterbox Dāk baks
lettuce salād
lever (noun) kamānī
library lAibrerī, pustakālay (H)
licence lāisAns
lid Dhaknā
lie (verb: tell untruth) jhūTh bōlnā
lie down leTnā
life zindagī, jīvan (H)
lifebelt jān bachāne kī peTī
lifeguard (man/woman) jān
  bachāne vālā/vālī

life jacket jān bachāne kī jākeT
lift (in building) lifT
  could you give me a lift?
  mujhe savārī dege?
  would you like a lift? āpkō
  savārī karnī hA?
light (noun) rōshnī
  (not heavy) halkā
  do you have a light? (for
  cigarette) āpke pās māchis hA?
  light green halkā harā
light bulb bijlī kā laTTū
  I need a new light bulb mujhe
  nayā laTTū chāhiye
lighter (cigarette) lāiTar
lightning bijlī
like (things) pasand karnā
  (people and things) acchhā lagnā
  I like it mujhe ye pasand hA
  I like going for walks mujhe
  ghūmne jānā pasand hA
  I like you (to a man) mujhe āp
  acche lagate hA
  (to a woman) mujhe āp acchī
  lagtī hA
  I don't like it mujhe ye
  pasand nahī
  do you like ...? āpkō ...
  pasand hA?
  I'd like a beer mujhe bīyar
  chāhiye
  I'd like to go swimming (said
  by man/woman) mA tArne jānā
  chāhtā/chāhtī hū
  would you like a drink? āpkō
  pīne ke liye kuchh chāhiye?
  would you like to go for
  a walk? (to man/woman) āp
  ghūmne jānā chāhte/

chāhtī hA?
what's it like? ye kAsā hA?
I want one like this mujhe Asā
hī chāhiye
lime kāgzī nībū
lime cordial nībū kā sharbat
line (on paper) lakīr
(phone) phōn kī lāin
could you give me an outside
line? mujhe bāhar kī lāin
dege?
lips ōṭh
lip salve ōṭh par lagāne kī
marham
lipstick lipsṭik
liqueur likyōr
listen sunnā
litre liṭar
a litre of white wine ek litar
vāiṭ vāin
little thōṛā
just a little, thanks thōṛā sā,
shukriyā
a little milk thōṛā dūdh
a little bit more thōṛā awr
live (verb) rahnā
we live together ham sab sāth
rahte hA

dialogue

> where do you live? (to
> man/woman) āp kahā rahte/
> rahtī hA?
> I live in London (said by
> man/woman) mA landan me
> rahtā/rahtī hū

lively (person) zindādil

(town) chahalpahal vālā
liver (in body) jigar
(food) kalejī
loaf Dabal rōṭī
lobby (in hotel) barāmdā
lobster baṛī jhīngā machhlī
local sthānīy (H), mukāmī (U)
can you recommend a local
restaurant? ās-pās me kōī
achhhā restarā hA?
lock (noun) tālā
(verb) tālā band karnā
it's locked tālā band hA
lock in andar band kar dena
lock out bāhar se tālā na
khulnā
I've locked myself out merī
chābī andar chhūṭ gayī hA
locker (for luggage etc) tālevālī
almārī
lollipop lawlī pāp miṭhāī
London landan
long lambā
how long will it take to fix it?
is kī marammat me kitnī der
lagegī?
how long does it take? kitnī
der lagegī?
a long time bahut der
one day/two days longer ek
din/dō din awr zyādā
long-distance call dūr kī
telīphōn kāl
look: I'm just looking, thanks
(said by man/woman) mA sirf
dekh rahā/rahī hū, shukriyā
you don't look well āp Thīk
nahī lagte
look out! dekhte rahnā!

can I have a look? (said by man/woman) kyā mA dekh saktā/saktī hū?
look after dekhbhāl karnā
look at kō dekhnā
look for talāsh karnā
I'm looking for ... mA ... kī talāsh me hū
look forward to intzār karnā
I'm looking forward to it (said by man/woman) mA is kā intzār kar rahā/rahī hū
loose (handle etc) Dhīlā
lorry lārī
lose khōnā
I've lost my way (said by man/woman) mA rastā khō gayā/khō gayī
I'm lost, I want to get to ... (said by man/woman) mA bhaTak gayā/gayī mujhe ... jānā hA
I've lost my bag merā jhōlā khō gayā
lost property (office) khōye sāmān kā daftar
lot: a lot, lots bahut zyādā
not a lot zyādā nahī
a lot of people bahut lōg
a lot bigger kāfī baRā
I like it a lot mujhe ye bahut pasand hA
lotion lōshan
loud ūchā
lounge (in house, hotel) bAThak
(in airport) ārāmghar
love (noun) pyār, prem (H)
(verb) pyār karnā
I love India mujhe bhārat bahut acchhā lagtā hA

lovely sundar
low (prices) kam
(bridge) nīchā
luck kismat, bhāgy (H)
(good fortune) achhī kismat, achhā bhāgy (H)
good luck! merī duā!
luggage sāmān
luggage trolley sāmān le jāne vālī Trālī
lump (on body) gumTā
lunch dōpahar kā khānā
lungs phephRe
luxurious Ash-ārām deh
luxury Ash-ārām

M

machine mashīn
mad (insane) pāgal
(angry) āgbabūlā
magazine paTrikā (H), risālā (U)
maid (in hotel) nawkrānī
maiden name shādī se pahle kā nām
mail (noun) Dāk
(verb) Dāk me Dālnā
is there any mail for me? merī kōī Dāk hA?
could you mail this for me? ye Dāk me Dāl dege?
mailbox Dāk baks
main sabse baRā, Khās
main course Khās khānā
main post office baRā Dāk Khānā
main road barī sarak

mains switch baRā svich

make (brand name) mek

(verb) banānā

I make it ... (amount) mere
hisāb se ... bante hA

what is it made of? ye kis
chīz kā banā hA?

make-up banāv-singār

malaria maleriyā

man ādmī

manager mAnejar

can I see the manager?
mujhe mAnejar se milnā hA?

manageress mAnezarānī

mango ām

manual (with manual gears) hāth
se chalne vāle gīyar

many bahut

not many bahut nahī

map (city plan) кнākā
(road map, geographical) nakshā

network map saRkō kā nakshā

March mārch

margarine marjarīn

market bāzār

marmalade marmleD

married: I'm married mA
shādīshudā hū

are you married? āp
shādīshudā hA?

mascara maskārā

match (football etc) mAch

matches māchis

material (fabric) kapRā

matter: it doesn't matter kōī
bāt nahī

what's the matter? kyā bāt
hA?

mattress gaddā

May mayī

may: may I have another one?
ek awr dījiye

may I come in? mA andar āū?

may I see it? (said by man/
woman) mA ise dekh saktā/
saktī hū?

may I sit here? (said by man/
woman) mA yahā bATH saktā/
saktī hū?

maybe shāyad

mayonnaise mayōnez

me* mujhe

that's for me ye mere liye hA

send it to me ye mujhe bhej
denā

me too mujhe bhī

meal khānā, bhōjan (H)

dialogue

did you enjoy your meal?
āpkō khānā acchhā lagā?

it was excellent, thank you
bahut baRhiyā, shukriyā

mean (verb) matlab hōnā

what do you mean? is sab kā
kyā matlab hA?

dialogue

what does this word
mean? is shabd kā kyā
matlab hA? (H), is lafz kā
kyā matlab hA? (U)

it means ... in English is kō
angrezī me ... kahte hA

measles khasrā
 German measles khasrā
meat gōsht, mās (H)
mechanic misTrī
medicine davā
medium (adj: size) bīch kā
medium-sized bīch ke māp kā
meet milnā
 nice to meet you āp se milkar
 baRī Khushī huī
 where shall I meet you? āpse
 kahā milū?
meeting mulaKāt
meeting place milne kī jagah
melon Kharbūzā
men ādmī
mend marammat karnā
 could you mend this for me?
 is kī marammat kar dege?
men's room purush
 shawchālay (H), mardānā
 pākhānā (U)
menswear mardāne kapRe
mention (verb) zikr karnā
 don't mention it! bas, rahne
 dījiye!
menu menyū
 may I see the menu, please?
 mujhe menyū dikhāiye
 see menu reader page 192
message sandesā (H), pAgām
 (U)
 are there any messages for
 me? mere liye kōī sandesā
 hA?
 I want to leave a message for
 ... (said by man/woman) mA ... ke
 liye ek sandesā denā chahtā/
 chāhtī huī

metal dhāt
metre mīTar
microwave (oven) māikrōvev
midday dōpahar
 at midday dōpahar ko
middle: in the middle bīch me
 in the middle of the night
 ādhī rat kō
 the middle one bīch vālā
midnight ādhī rāt
 at midnight ādhī rāt kō
might: I might shāyad
 I might not shāyad nahī
 I might want to stay another
 day shāyad ek din awr
 Thaharnā chāhūgā
migraine ādhāsīsī
mild (taste: not hot) kam mirch
 vālā
 (weather) suhāvnā
mile mīl
milk dūdh
millimetre milīmīTar
mind: never mind! jāne dījiye!
 I've changed my mind merā
 irādā badal gayā

dialogue

do you mind if I open the
window? āpkō kōī etrāj na
hō tō mA khiRkī khōl dū?
no, I don't mind jī nahī,
mujhe kōī etrāj nahī

mine* merā
 it's mine ye merā hA
mineral water bōtal vālā pānī
mints piparminT

minute minaT
 in a minute ek minaT me
 just a minute! ek minaT rukō!
mirror āīnā
Miss kumārī (H), muhtarmā
 (U)
miss: I missed the bus bas
 chhūT gayī
missing gāyab
 one of my ... is missing merā
 ... gāyab hōgayā
 there's a suitcase missing
 baksa gāyab hōgayā
mist kuhrā
mistake galtī
 I think there's a mistake mere
 Khyāl me kahī galtī hA
 sorry, I've made a mistake
 māf kījiye, mujh se galtī
 hōgayī
misunderstanding galatfahmī
mix-up: sorry, there's been a
 mix-up māf kījiye, kuchh
 gaRbaRī hōgayī
mobile phone mōbāil phōn
modern ājkal kā, ādhunik (H)
modern art gallery ādhunik
 chitrshālā
moisturizer namī dene vālā
moment: I won't be a moment
 (said by man/woman) mA abhī
 āyā/āyī
Monday sōmvār (H), pīr (U)
money pAsā
monkey bandar
monsoon barsāt kā mawsam
month mahīnā
monument yādgār, smārak (H)
moon chād

moped chhōTī mōTar sāikil
more* zyādā, awr
 can I have some more water,
 please? mujhe kuchh awr
 pānī chāhiye
 more expensive/interesting
 zyādā mahangā/dilchasp
 more than 50 pachās se zyādā
 more than that is se zyādā
 a lot more awr zyādā

dialogue

would you like some
more? (to man/woman) āp
thōRā awr lege/legī?
no, no more for me, thanks
bas, awr nahī, shukriyā
how about you? awr āpkō?
I don't want any more,
thanks mujhe awr nahī
chāhiye, shukriyā

morning subah
 this morning āj subah
 in the morning subah kō
mosque masjid
mosquito macchhar
mosquito net macchhardānī
mosquito repellent macchhar
 mārne ki davā
most: I like this one most of
 all mujhe ye sabse zyādā
 pasand hA
 most of the time zyāda vakt
 most tourists zyādā sAlānī
mostly zyādātar
mother mā, matā (H), vālidā
 (U)

M o

mother-in-law sās
motorbike mōṭar sāikil
motorboat injan se chalnevālī kishtī
motorway khulī saṛak
mountain pahāṛ
  in the mountains pahāṛ par
mountaineering pahāṛ kī charhāī karnā, parvatārōhan (H)
mouse chūhā
moustache mūchh
mouth muḥ
mouth ulcer muḥ kā chhālā
move (remove) haṭānā
  (go away) chalā jānā
  he's moved to another room vō dūsre kamre me chalā gayā
  could you move your car? apnī kār haṭā lījiye
  could you move up a little? āge baṛh jāiye
  where has it moved to? yahā se badalkar kahā chalā gayā?
  where has it been moved to? ise kahā le gaye?
movie 'film'
movie theater sinemā
Mr shrī (H), janāb (U)
Mrs shrīmatī (H), muhtarmā (U)
much bahut
  much better/worse zyādā behtar/zyādā kharāb
  much hotter zyādā garam
  not much zyādā nahī
  not very much bahut zyādā nahī

I don't want very much mujhe zyādā nahī chāhiye
mud kīchaR
mug (for drinking) pyālā
I've been mugged mujhe lūt liyā
mum mā
mumps mamps
museum ajāyab ghar
mushrooms khumbī
music sangīt
musician (man/woman) gāne vālā/vālī, sangīt kār (H)
Muslim (adj) 'muslim', musalmān
mussels sīp kā jhīngar
must*: I must do it mujhe karnā chāhiye
I mustn't drink alcohol mujhe sharāb nahī pīnī chāhiye
mustard sarsō
my* merā
  it's my car ye merī kār hA
  that's my towel ye merā tawliyā hA
myself: I'll do it myself (said by man/woman) mA ise khud karūgā/karūgī
  by myself khud

N

nail (finger) nākhūn
  (metal) kīl
nailbrush nākhūn sāf karne kā burush
nail varnish nākhūn kī pālish
name nām

my name's John merā nām
Jōhn hA
what's your name? āpkā nām
kyā hA?
what is the name of this
street? is galī kā nām kyā hA?
napkin nApkin
nappy bacche kā pōtRā
narrow (street) tang
nasty bahut burā
national rāshTrīy (H), Kawmī
(U)
nationality rāshTrīytā (H),
Kawmiat (U)
natural kudraTī, prākritik (H)
nausea matlī
navy (blue) gahrā nīlā
near nazdīk, ke pās
is it near the city centre? kyā
ye bīch shahar ke pās hA?
do you go near the Kutub
Minar? kyā āp kutub mīnār
ke nazdīk jāte hA?
where is the nearest ...? sab
se nazdīk ... kahā hA?
nearby pās me
nearly lagbhag (H), taKrīban (U)
necessary zarūrī
neck gardan
necklace gale kā hār
necktie Tāī
need: I need ... mujhe ...
chāhiye
do I need to pay? kyā mujhe
pAsā denā hōgā?
needle suī
negative (film) negATiv
neither: neither (one) of them
dōnō me se kōī nahī

neither ... nor ... na ... na ...
Nepal nApāl
Nepali nApālī
nephew (brother's son) bhatījā
(sister's son) bhānjā
net (in sport) jāl
Netherlands hālenD
never kabhī nahī

dialogue

have you ever been to
Goa? (to man/woman) āp
kabhī goā gaye/gayī hA?
no, never, I've never been
there (said by man/woman) jī
nahī, kabhī nahī gayā/gayī

new nayā
news (radio, TV etc) Khabar,
samāchār (H)
newsagent's aKhbār vālā
newspaper aKhbār
newspaper kiosk aKhbār kā
sTāl
New Year nayā sāl
Happy New Year! nayā sāl
mubārak!
New Year's Eve nav varsh ki
purv sandhyā (H)
New Zealand nyuzīlAnD
New Zealander: I'm a New
Zealander (said by man) mA
nyuzīlAnD kā rahnevālā hū
(said by woman) mA nyuzīlAnD
ki rahnevālī hū
next aglā
(after that) ke bād
the next turning/street on the

left bāyī taraf aglā mōʀ/aglī galī
at the next stop agle sTāp par
next week agle hafte
next to ke pās
nice acchhā
niece (brother's daughter) bhatījī
(sister's daughter) bhānjī
night rāt
at night rāt kō
good night namaste (H),
khudā hāfiz (U)

dialogue

> **do you have a single room for one night?** āpke pās ek rāt ke liye singal kamrā hA?
> **yes, madam** jī hā, memsāhib
> **how much is it per night?** ek rāt kā kyā kirāyā hA?
> **it's 100 rupees for one night** ek rāt ke saw rupaye
> **thank you, I'll take it** shukriyā, mA ise le lūgī

nightclub nāit klab
nightdress rāt kī pōshāk
night porter rāt kā darbān
no nahī
I've no change mere pās rezgārī nahī
there's no ... left kōī ... nahī rahā
no way! hargiz nahī!
oh no! (upset) hāy re!
nobody kōī nahī

there's nobody there vahā kōī nahī hA
noise shōr
noisy: it's too noisy ye bahut shōr bharā hA
non-alcoholic binā sharāb vālā
none kōī nahī
nonsmoking compartment bīRī sigreT manāhī vālā Dibbā
noon dōpahar
at noon dōpahar kō
no-one kōī nahī
nor: nor do I mA bhī nahī
normal sādhāran
north uttar (H), shumāl (U)
in the north uttar me
to the north uttar kī taraf
north of Delhi dilli ke uttar me
northeast uttar pūrvī (H), shumāl mashrīkī (U)
northern uttarīy (H), shumālī (U)
Northern Ireland uttarī āyarlAnD (H), shumālī āyarlAnD (U)
northwest uttar pashchim (H), shumāl magribī (U)
Norway nārve
Norwegian nārvejian
nose nāk
not* nahī
no, I'm not hungry jī nahī, mujhe bhūkh nahī lagī
I don't want any, thank you mujhe kuchh nahī chāhiye, shukriyā
it's not necessary ye zarūrī nahī

I didn't know that majhe ye
mālūm nahī thā
not that one – this one võ
nahī ye vālā
note (banknote) nōṬ
notebook nōṬbuk
notepaper (for letters) chiṬṬhī
kā kāgaz
nothing kuchh nahī
  nothing for me, thanks mere
  liye kuchh nahī, shukriyā
  nothing else awr kuchh nahī
novel nōval, upanyās (H)
November navambar
now ab
number nambar
  (figure) gintī, sankhyā (H)
  I've got the wrong number
  mAne galat nambar lagāyā
  what is your phone number?
  āpkā phōn nambar kyā hA?
number plate nambar pleṬ
nurse nars
nut (for bolt) Dhibrī
nuts girīdār mevā

O

occupied (toilet, telephone) khālī
nahī
o'clock* baje
October akṬūbar
odd (strange) ajīb
of* kā
off (lights) band
  it's just off ... ... se saṬā huā hA
  we're off tomorrow ham kal
  chale jāyege

offensive (language, behaviour)
burā
office (place of work) daftar
officer (said to policeman)
thānedār sāhab
often aksar
  not often aksar nahī
  how often are the buses?
  base kitnī bār ātī hA?
oil tel
ointment marham
OK Thīk
  are you OK? āp Thīk hA?
  is that OK with you? kyā ye
  Thīk hA?
  is it OK to ...? kyā ... Thīk hA?
  that's OK, thanks ye Thīk hA,
  shukriyā
  I'm OK (nothing for me) mere
  liye kāfī hA
  (I feel OK) mA Thīk hū
  is this train OK for ...? kyā ye
  gārī ... ke liye Thīk rahegī?
  I said I'm sorry, OK? mA ne
  māfī māg lī, Thīk hA nā?
old (man/woman) būRhā/
buRhiyā
  (thing) purānā

dialogue

> how old are you? āpkī
> umar kyā hA?
> I'm 25 (said by man/woman)
> mA pacchīs sāl kā/kī hū
> and you? awr āp?

old-fashioned purāne Dharre
kā

old town shahar kā purānā hissā

in the old town shahar ke purāne hisse me

omelette āmleT

on* par

on the street galī par

on the beach samandar ke kināre par

is it on this road? kyā ye isī saRak par hA?

on the plane havāī jahāz me

on Saturday shanivār kō

on television Telīvizan par

I haven't got it on me mere pās nahī hA

this one's on me (drink) ab merī bārī hA

the light wasn't on battī nahī jal rahī Thī

what's on tonight? āj rāt kō kyā chal rahā hA?

once (one time) ek bār

at once (immediately) fawran

one* ek

the white one safed vālā

one-way ticket singal Tikat see ticket

onion pyāj

only sirf, keval (H)

only one sirf ek

it's only 6 o'clock sirf chhA baje hA

I've only just got here (said by man/woman) mA abhī yahā āyā/āyī hū

open (adj) khulā
(verb: something) khōlnā
(of shop etc) khulnā

when do you open? āp kab khōlte hA?

I can't get it open mujh se ye nahī khultā

in the open air khule mAdān me

opening times khulne kā vaKt

open ticket khulā TikaT

opera āperā, gīt nāTy (H)

operation (medical) āpreshan

operator (telephone) āpreTar

opposite: the opposite direction sāmne kī taraf

the bar opposite sāmne kā bār

opposite my hotel mere hōTal ke sāmne

optician Anak banāne vālā

or yā

orange (fruit) santarā
(colour) nārangī

fizzy orange gAs vālā santare kā ras

orange drink santare kā sharbat

orange juice santare kā ras

orchestra awrkesTrā, vādy manDalī (H)

order: can we order now? (in restaurant) āp khāne kā ārDar lege?

I've already ordered, thanks mAne ārDar de diyā, shukriyā

I didn't order this mAne ye nahī māgā

out of order Thīk-Thāk nahī

ordinary māmūlī, sādhāran (H)

other dūsrā

the other one dūsrā

the other day hāl hī me

I'm waiting for the others mA
awr lōgō kī intzār me hū

do you have any others?
āpke pās awr kōī hA?

otherwise varnā

our* hamārā

ours* hamārā

it's ours ye hamārā hA

out: he's out vō bahar gayā hA

three kilometres out of town
shahar se Tīn kilō mīTar dūr

outdoors bāhar khule me

outside ke bāhar

can we sit outside? chaliye,
bāhar bAThe?

oven bhaTTī

over: over here idhar

over there udhar

over 500 pāch saw se zyādā

it's over ye khatm hōgayā

overcharge: you've
overcharged me āpne zyādā
pAse liye hA

overcoat ōvarkōT

overlooking: I'd like a room
overlooking the courtyard
mujhe Asā kamrā chāhiye
jahā se āngan dīkh sake

overnight (travel) rāt bhar kā
safar

overtake bagal se āge nikal
jānā

owe: how much do I owe you?
mujhe āpko kitne pAse dene
hA?

own: my own ... merā apnā ...
are you on your own? (to man/
woman) kyā āp akele/akelī hA?

I'm on my own (said by man/
woman) mA akelā/akelīa hū

owner (man/woman) mālik/
mālkin

P

pack (verb) sāmān bādhnā

a pack of ... ... kā banDal

package (parcel) pārsal

package holiday pAkej hōliDe

packed lunch Dibbe me band
dōpahar kā khānā

packet: a packet of cigarettes
sigreT kā pAkeT

padlock kunDe me lagāne
vālā tālā

page (of book) pannā, prishTh
(H)

could you page Mr ...?
meharbānī karke janāb ... kō
bulāiye?

pain dard

I have a pain here mujhe
yahā dard hA

painful dardnāk

painkillers dard miTāne kī davā

paint (noun) rōgan

painting tasvīr, chitr (H)

pair: a pair of ... ... kā jōRā

Pakistan pākistān

Pakistani pākistānī

palace mahal

pale pīlā

pale blue halkā nīlā

pan patīlā

panties jāghiyā

pants (underwear) jāghiyā

(US) patlūn
pantyhose TāiTs
paper kāgaz
(newspaper) aKhbār
a piece of paper kāgaz kā
pannā
paper handkerchiefs kāgaz
ke rumāl
parcel parsal
pardon me? (didn't understand)
phir kahiye?
parents mābāp
parents-in-law sās sasur
park (noun) pārk
(verb) gāṛī khaṛī karnā
can I park here? (said by
man/woman) kyā mA yahā gāṛī
khaṛī kar saktā/saktī hū?
parking lot kār pārk
part (noun) hissā
partner (boyfriend, girlfriend etc)
sāthī
party (group) Tōlī
(celebration) dāvat
pass (in mountains) darrā
passenger musāfir, yātrī (H)
passport pāspōrT
past*: in the past gujre
jamāne me
just past the information office
jānkārī ke daftar ke pare
path rāstā
pattern Dhāchā
pavement paTrī
on the pavement paTrī par
pay (verb) pAse denā
can I pay, please? (said by
man/woman) kyā mA pAsa de
saktā/saktī hū?

it's already paid for iske pAse
de diye hA

dialogue

> who's paying? kawn pAse
> degā?
> I'll pay (said by man/woman)
> mA dūgā/dūgī?
> no, you paid last time, I'll
> pay (said by man/woman) nahī
> nahī, āpne pichhli bār diye
> the, ab mA dūgā/dūgī

payphone sikke lene vālā
sārvajanik phōn
peaceful shānt (H), pur-aman
(U)
peach āRū
peanuts mūngphalī
pear nāshpātī
pearl mōtī
peas maTar
peculiar (taste, custom) ajīb
pedestrian crossing pAdal pār
karne kā rāstā
peg (for washing) kapṛō kī
chimTī
(for tent) KhūTī
pen Kalam
pencil pAnsil
penfriend pAnfrAnD
penicillin pAnsilin
penknife chōTā chākū
pensioner (man/woman)
penshan pāne vālā/vālī
people lōg
the other people in the hotel
hōTal me dūsre lōg

too many people bahut lōg
pepper (spice) kālī mirch
 (vegetable) shimlā mirch
peppermint (sweet) piparminT
per: per night ek rāt kā
 how much per day? har rōz
 (kā) kitnā?
per cent fī sadī
perfect bilkul sahī
perfume itar
perhaps shāyad
 perhaps not shāyad nahī
period (of time) muddat, avdhi
 (H)
 (menstruation) māhvārī, māsik
 dharm (H)
perm parm
permit (noun) parmiT
person vyakti (H), shaKhs (U)
personal stereo nijī sTīriō
petrol peTrōl
petrol can peTrōl kā kanasTar
petrol station peTrōl sTashan
pharmacy davāKhānā
phone (noun) Telīphōn
 (verb) Teliphōn karnā
phone book Telīphōn kī kitāb
phone box Telīphōn būTh
phonecard Telīphōn kārD
phone number phōn namber
photo phōtō
 excuse me, could you take a
 photo of us? suniye, kyā āp
 hamārī phōtō khīch dege?
phrase book fiKrō kī kitāb
piano piyānō
pickpocket (man/woman) jeb
 katrā/katrī
pick up: will you be there

to pick me up? āp vahā se
 mujhe le jāyege?
picnic piknik
picture tasvīr, chitr (H)
pie pakvān
piece Tukrā
 a piece of ... ... kā ek
 Tukrā
pill gōlī
 I'm on the pill mA gōlī khā
 rahī hū
pillow takiyā
pillow case takiye kā gilāf
pin (noun) ālpin
pineapple anānās
pineapple juice anānās
 kā ras
pink gulābī
pipe (for smoking) pāip
 (for water) nalī
pistachio pistā
pity: it's a pity! baRe afsōs kī
 bāt hA!
pizza pītzā
place jagah
 at your place āp ke yahā
 at his place uske yahā
plain (not patterned) sādā
plane havāī jahāz
 by plane havāī jahāz se
plant pawdhā
plaster cast palastar kī Dhāl
plasters palastar
plastic plāsTik
 (credit cards) bAnk kārD
plastic bag plāsTik kā thAlā
plate plet
 (metal) thālī
platform pletfāram

which platform is it for Jaipur? jApur ke liye kawnsā pleTfāram hA?

play (verb) khelnā
(noun: in theatre) nāTak

playground khel kā mAdān

pleasant suhāvnā

please meharbānī karke, kripayā (H)

yes, please jī hā

could you please ...? meharbānī karke ...

please don't ye mat kījiye

can I have some ..., please? mujhe ..., chāhiye

two beers, please dō bīyar, dījiye

pleased: pleased to meet you āp se milkar baRī Khushī huī

pleasure: my pleasure koī bāt nahī

plenty: plenty of ... kāfī ...

there's plenty of time kāfī vaKT hA

that's plenty, thanks bas, ye kāfī hA, shukriyā

pliers chimTī

plug (electrical) bijlī kā plag
(for car) injan kā plag
(in sink) DāT

plumber nalsāz

pm dōpahar ke bād

pocket jeb

point: two point five do dashamlav pāch

there's no point is me koī tuk nahī

poisonous jahrilā

police pulis

call the police! pulis bulāō!

policeman pulis kā sipāhī

police station thānā

policewoman pulis kī mahilā sipāhī (H)

polish (noun) pālish

polite vinamr (H), salīKedār (U)

polluted mAlā, dūshit (H)

pony TaTTū

pool (for swimming) tArne kā tālāb

poor (not rich) garīb
(quality) ghaTiyā

pop music pawp sangīt

pop singer (man/woman) pawp gānā gānevālā/gānevālī

popular lōkpriy (H), ām pasand (U)

population ābādī

pork sūar kā gōsht

port (for boats) bandargāh
(drink) pōrt sharāb

porter (in hotel) darbān

portrait tasvīr

posh (restaurant, people) shāndār

possible mumkin, sambhav (H)

is it possible to ...? kyā ... mumkin hA?

as ... as possible jitnā ... hōsake

post (noun: mail) Dāk
(verb) Dāk me Dālnā

could you post this for me? ye Dāk me Dāl dege?

postbox Dāk baks

postcard pōsTkarD

postcode Dāk kā kōD

poster pōsTar

poste restante chiTThī jamā karne vālā Dāk-Khānā

post office Dāk-Khānā

potato ālū

potato chips krisp

pots and pans bhānDe-bartan

pottery miTTī ke bartan

pound (money) pawnD (pAsā) (weight) pawnD (vazan)

power cut bijlī kī katawtī

power point bijlī kā sakeT

practise: I want to practise my Hindi (said by man/woman) mA apnī hindī istemāl karnā chāhtā/chāhtī hū

prawns jhīngā

prefer: I prefer ... mujhe ... jyādā pasand hA

pregnant garbhvatī (H), hāmilā (U)

prescription (for medicine) nuskhā

present (gift) tōhfā

president (of country) rāshTrpati (H), sadar (U)

pretty khūbsuarat
it's pretty expensive ye kāfī mahangā hA

price kīmat

priest purōhit (H), imām (U)

prime minister pradhān mantrī (H), vazīre-āzam (U)

printed matter chhapī huī chīz

prison jel

private nijī

private bathroom nijī gusalkhānā

probably shāyad

problem maslā, samasyā (H)

no problem! kōī dikkat nahī!

program(me) (noun) prōgrām, kārykram (H)

promise: I promise (said by man/woman) mA vādā kartā/kartī hū

pronounce: how is this pronounced? iskō kAse bōlte hA?

properly (repaired, locked etc) Thīk tarah se

Protestant prōTAsTAnT īsāī

public convenience shawchālay (H), pākhānā (U)

public holiday sarkārī chhuTTī

pudding (dessert) miThāī

pull khīchnā

pullover sveTar

puncture panchar

Punjabi panjābī

purple bAjnī

purse (for money) baTuā (US) hAnD bAg

push dhakkā denā

pushchair bacchā gārī

put rakhnā
where can I put ...? (said by man/woman) mA ... kahā rakh saktā/saktī hū?

could you put us up for the night? āpke pās ek rāt Thaharne ke liye jagah hōgī?

pyjamas pāyjāmā

Q

quality khāsiyat, gun (H)

quarantine kvāranTīn

quarter chawthāi hissā

quayside: on the quayside
jahāz kī gōdī par

question savāl, prashn (H)

queue (noun) katār, pankti (H)

quick jaldī

that was quick ye bahut jaldī
kar liyā

what's the quickest way
there? vahā bahut jaldi kase
jāye?

fancy a quick drink? thōrī
der ke liye kuchh pīne
chalege?

quickly jaldī se

quiet (place, hotel) shānt

quiet! chup rahō!, khāmōsh!
(U)

quite (fairly) kuchh had tak
(very) kāfī

that's quite right ye bilkul
thīk hA

quite a lot kāfī sārā

R

rabbit khargōsh

race (for runners, cars) dawr

racket (tennis, squash) ballā

radiator (of car, in room)
rediyetar

radio rediō

on the radio rediō par

rail: by rail gārī se

railway relve

rain bārish

in the rain bārish me

it's raining bārish hō rahī hA

raincoat barsātī

rape (noun) balātkār (H),
zabardastī (U)

rare (uncommon) birlā

rash (on skin) kharish

raspberry rasbharī

rat chūhā

rate (for changing money) dar

rather: it's rather good ye tō
acchā hA

I'd rather ... acchhā hō ki mA ...

razor ustarā

razor blades ustare kā bleD

read parhnā

ready tayyār

are you ready? āp tayyār hA?

I'm not ready yet mA abhī
tayyār nahī

dialogue

when will it be ready? ye
kab tayyār hōgā?
it should be ready in a
couple of days dō din me
tayyār hō jāyegā

real aslī

really vākai

I'm really sorry mujhe bahut
afsōs hA

that's really great bahut
barhiyā

really? (doubt) sachmuch!
(polite interest) acchhā tō!

rear lights pichhlī battiyā

rearview mirror pīchhe dekhne
kā āinā

reasonable (prices etc) zāyaz

receipt rasīd

recently hāl hī me

reception (in hotel) risepshan
DAsk

(party) dāvat

at reception risepshan me

reception desk risepshan

receptionist risepshanisT

recognize pahchānnā

recommend: could you
recommend ...? āp
batāyege ...?

record (music) rikārD

red lāl

red wine rAD vāin

refund (noun) pAse kī vāpsī

can I have a refund? merā
pAsā vāpas kar de

region ilākā

registered: by registered mail
rajisTrī Dāk se

registration number
rajisTreshan nambar

relative (noun) rishtedār

religion dharm (H), mazhab (U)

remember: I don't remember
mujhe yād nahī

I remember mujhe yād hA

do you remember? āpkō yād
hA?

rent (noun: for apartment etc)
kirāyā

(verb: car etc) kirāye par lenā

for rent kirāye ke liye

rented car kirāye kī kār

repair (verb) marammat karnā

can you repair it? āp iskī
marammet kar dege?

repeat phir kahnā

could you repeat that? phir
kahiye

reservation rizarveshan

I'd like to make a reservation
kyā mere liye rizarv kar dege?

dialogue

I have a reservation merā
rizarveshan hA
yes sir, what name please?
jī hā, āpkā nām?

reserve rizarv karnā

dialogue

can I reserve a table for
tonight? mere liye āj shām
kō ek mez rizarv kar
dege?
yes madam, for how many
people? jī hā, kitne lōgō
ke liye?
for two dō ke liye
and for what time? kitne
baje ke liye?
for eight o'clock āTh baje
ke liye
and could I have your
name please? āpkā nām
kyā hA?

rest: I need a rest mujhe ārām
karnā hA

the rest of the group bākī lōg

restaurant restōrā

restaurant car restōrā kā
Dibbā

rest room shawchālay (H), pāKhānā (U)

where is the rest room? shawchālay kahā hA?

I have to go to the rest room mujhe shawchālay jānā hA (politer) mujhe bāth rūm jānā hA

retired: I'm retired (said by man/woman) mA riTāyar hogayā/hogayī

return: a return to ... ... ke liye ek vāpsī

return ticket vāpsī TikaT see ticket

reverse charge call rivars chārj kawl

reverse gear rivars gīyar

revolting ghinōnā

rib paslī

rice chāval
(cooked) bhāt

rich (person) amīr
(food) charbī vālā

rickshaw rikshā
cycle rickshaw sāikil rikshā

ridiculous betukā

right (correct) Thīk
(not left) dāyā

you were right āpne Thīk kahā

that's right ye Thīk hA

this can't be right ye Thīk nahī mālūm hōtā

right! Thīk!

is this the right road for ...? kyā ... ke liye ye sahī rāstā hA?

on the right dāyī taraf

to the right dāyī taraf

turn right dāyī taraf muRe

right-hand drive dāyī taraf ke sTīyring vālī kār

ring (on finger) angūThī

I'll ring you (said by man/woman) mA āpkō phōn karūgā/karūgī

ring back vāpas phōn karnā

ripe (fruit) pakā

rip-off: it's a rip-off chūnā lagā diyā

rip-off prices man-māne dām

risky jōKhim bharā

river nadī

road saRak

is this the road for ...? kyā ... ke liye yahī rāsta hA?

down the road Thōdā āge

roadsign rāstā batāne kā taKhtā

rob: I've been robbed mujhe lūt liyā

rock chaTTān
(music) rāk sangīt

on the rocks (with ice) barf Dālkar

roll (bread) gōl Dabal rōTī

roof chhat

roof rack kār ke ūpar kā janglā

room kamrā

in my room mere kamre me

room service rūm sarvis

rope rassā

rosé (wine) rōze vāin

roughly (approximately) lagbhag (H), taKrīban (U)

round: it's my round ab merī bārī hA

roundabout (for traffic) gōl
  chakkar
round trip ticket vāpsī TikaT
  see ticket
route rāstā
  what's the best route? sabse
  acchhā rāstā kawnsā hA?
rubber rabaR
rubber band rabaR kā chhallā
rubbish (waste) kuRā karkaT
  (poor quality goods) ghaTiyā māl
  rubbish! (nonsense) ye sab
  bakvās hA!
ruby rūbī
rucksack piTThā
rude gustākh
ruins khanDhar
rum ram
rum and Coke® ram awr kōkā
  kōlā®
run (verb: person) dawRnā
  how often do the buses run?
  base kitnī kitnī der me jātī
  hA?
  I've run out of money mere
  pās kuchh pAsā nahī bachā
rush hour bhīR ke vaKt
Russia rūs
Russian rūsī

S

sad udās
saddle (for bike) gaddī
  (for horse) zīn
safe (not in danger) sahī salāmat
  (not dangerous) Khatarnāk nahī
safety pin sefTī pin

sail (noun) pāl
salad salād
salad dressing salād kā masālā
sale: for sale bikrī ke liye
salmon sāman machhlī
salt namak
same: the same vahī
  the same as this vAsā hī
  the same again, please vahī
  phir dījiye
  it's all the same to me mere
  liye sab ek jAsā hA
sand ret
sandals chāppal
sandwich sAnDvich
sanitary napkins/towels
  awratō ke sAniTarī Tāvel
sapphire nīlam
Saturday shanīchar, hafta (U)
sauce chaTnī
saucepan Degchī
saucer tashtarī
sauna sawnā
sausage sāsej
say kahnā
  how do you say ... in Hindi?
  ... ko hindī me kyā kahte hA?
  what did he say? usne kyā
  kahā?
  she said ... usne kahā ki ...
  could you say that again?
  phir kahiye
scarf (for neck) maflar
  (for head) sāfā
scenery nazārā
schedule (US) Tāim Tebal
scheduled flight fehrisht me
  dī gayī flāit
school skūl

scissors: a pair of scissors kAnchī
scooter skūTar
scotch viskī
Scotch tape® selōTep®
Scotland skāTlAnD
Scottish skāTlAnD kā
  I'm Scottish (man/woman) mA skāTlAnD kā rahne vālā/vālī hū
scrambled eggs pheTe anDe
scratch (noun) kharōch
screw (noun) pech
screwdriver pechkash
sea samandar
  by the sea samandar ke kināre
seafood daryāyī khānā
search (verb) khōjnā
seasick: I feel seasick mujhe matlī ārahī hA
  I get seasick mujhe jahāz me matlī ātī hA
seaside: by the seaside samandar ke kināre
seat sīT
  is this seat taken? kyā is sīT par kōī bAThā hA?
seat belt sīT par lagī peTī
seaweed daryāyī ghāspāt
secluded ekānt
second (adj) dūsrā
  (of time) sekanD
  just a second! zarā Thahrō!
second class (travel etc) sekanD klās
second floor dūsrī manzil
  (US) pahlī manzil
second-hand purānā

see dekhnā
  can I see? mujhe dikhāiye
  have you seen ...? āpne ... dekhā hA?
  I saw him this morning mAne use āj subah dekhā
  see you! phir milege!
  I see (I understand) mA samjhā
self-catering apartment Khud khānā banāne ke bandōbast vālā makān
self-service Khud-bakhud lenā
sell bechnā
  do you sell ...? kyā āp ... bechte hA?
Sellotape® selōTep®
send bhejnā
  I want to send this to England mujhe ye inglAnD bhejnā hA
senior citizen buzurg
separate alag
separated: I'm separated mA judā hū
separately (pay, travel) alag se
September sitambar
septic pīp paRā hA
serious gambhīr (H), sangīn (U)
service charge sarvis chārj
service station sarvis kī jagah
serviette nApkin
set menu fiks mīnu
several kaī
sew sīnā
  could you sew this back on? is kī silāī kar dege?
sex (gender) ling (H), jins (U)
sexy sAksī
shade: in the shade chāh me

shake: let's shake hands acchha, hāth milāye

shallow (water) uthlā

shame: what a shame! ye afsōs kī bāt hA!

shampoo shAmpū

shampoo and set bāl dhōnā awr bAThānā

share (verb: room, table etc) sāth lenā

sharp (knife, taste) tez

shattered (very tired) bahut thakā

shaver bijlī kā ustarā

shaving foam hajāmat kī jhāgvālī krīm

shaving point bijlī ke ustare kā plag

she* (person nearby) ye (person further away) vō

sheet (for bed) chādar

shelf tāk

shellfish ghōnghā

sherry shArī sharāb

ship jahāz

by ship jahāz se

shirt kamīz

shit! bakvās!

shock (noun) dhakkā (electric) jhaTkā

I got an electric shock from the ... mujhe ... se bijlī kā jhaTkā lagā

shocking nā-gavār

shoe jūtā

a pair of shoes ek jōRī jūtā

shoelaces tasme

shoe polish jūte kī pālish

shoe repairer mōchī

shop dukān

shopping: I'm going shopping (said by man/woman) mA Kharīdārī ke liye jā rahā/rahī hū

shopping centre bāzār

shore kinārā

short (person) chhōTā (time, journey) thōRā

shortcut chhōTā rāstā

shorts jāghiyā

should: what should I do? mA kyā karū?

you should ... āp ... kare

you shouldn't ... āp ... mat kare

he should be back soon vō jaldī vāpas ājāyegā

shoulder kandhā

shout (verb) chillānā

show (in theatre) shō

could you show me? kyā mujhe dikhā dege?

shower (of rain) bawchhār (in bathroom) shāvar

with shower shāvar ke sāth

shower gel shāvar krīm

shut (verb: of shop etc) band hōnā (something) band karnā

when do you shut? āp kab band karte hA?

when does it shut? ye kab band hōtā hA?

the shop is shut dukān band hA

I've shut myself out merā darvājā band hōgayā

shut up! chup!

shutter (on camera) shaTar
(on window) jhilmilī

shy sharmīlā

sick (ill) bīmār

I feel sick merī tabiyat Thīk
nahī

I'm going to be sick (vomit)
mujhe matlī ā rahī hA

side taraf

the other side of the street
saRak kī dūsrī taraf

side lights bāzū kī battiyā

side salad sāth kā salād

side street sāth kī galī

sidewalk paTrī

on the sidewalk paTrī par

sight: the sights of ... ... kā
nazārā

sightseeing: we're going
sightseeing ham sAr ke liye
jā rahe hA

sightseeing tour sAr

sign (roadsign etc) rāste kā
nishān

signature hastākshar (H),
dastKhat (U)

signpost nishān kā taKhtā

Sikh sikh

silence Khāmōshī

silk resham

silly nāsamajh

silver chāndī

similar ke jAsā

simple (easy) āsān

since: since last week pichhle
hafte se

since I got here (said by man/
woman) jab se mA yahā āyā/āyī

sing gānā

singer (man/woman) gāne
vālā/vālī

single: a single to ... ... ke liye
singal

I'm single (said by man/woman)
mA akelā/akelī hū

single bed singal bistar

single room singal kamrā

single ticket singal TikaT

sink (in kitchen) 'sink'

sister bahan

sister-in-law (wife's sister) sālī
(brother's wife) bhābhī
(husband's sister) nanad

sit: can I sit here? (kyā) mA
yahā bATh saktā/saktī hū?

is anyone sitting here? yahā
kōī bAThā hA?

sit down bAThnā

sit down! bATh jāō!

size māp

skin chamRī

skin-diving skin Dāiving

skinny dublā

skirt skarT

sky āsmān

sleep (verb) sōnā

did you sleep well? āp Thīk
se sōye?

sleeper (on train) slīpar

sleeping bag slīping bAg

sleeping car slīpar

sleeping pill nīd kī gōlī

sleepy: I'm feeling sleepy
mujhe nīd ārahī hA

sleeve āstīn

slide (photographic) phōTō
slāiD

slippery fisalne vālā

slow dhīmā
   slow down! raftār kam kījiye!
slowly dhīre dhīre (H), āhistā
   āhistā (U)
   very slowly bahut dhīre
small chhōṭā
smell: it smells (smells bad) is
   me badbū ārahī hA
smile (verb) muskarānā
smoke (noun) dhuā
   do you mind if I smoke? mere
   sigreṬ pīne me āpkō kōī
   etrāz hA?
   I don't smoke mA sigreṬ nahī
   pītā
   do you smoke? āp sigreṬ pīte
   hA?
snack: just a snack sirf halkā
   khānā
snake sāp
sneeze (noun) chhīk
snorkel pānī ke andar sās lene
   kī nalī
snow (noun) barf
   it's snowing barf gir rahī hA
so: it's so good ye bahut
   acchhā hA
   it's so expensive ye bahut
   mahangā hA
   not so much itnā zyādā nahī
   not so bad itnā burā nahī
   so am I mA bhī Asā hī hū
   so do I (said by man/woman) mA
   bhī Ase hī kartā/kartī hū
   so-so Asā-vAsā
soaking solution (for contact
   lenses) bhigōne kā ghōl
soap sābun
soap powder chūredār sābun

sober (not drunk) hōsh me
sock mōzā
socket bijlī kā sākeṬ
soda (water) sōḍa vāṬar
sofa sōfā
soft (material etc) mulāyam
soft-boiled egg halkā ublā
   anḍā
soft drink Ṭhanḍā
soft lenses sawfṬ lAns
sole (of shoe, of foot) talī
   could you put new soles on
   these? in me nayī talī lagā
   dege?
some: can I have some water/
   rolls? mujhe thōṛā pānī/
   thōṛī gōl ḍabal rōṭī
   chāhiye
   can I have some? (said by
   man/woman) kyā mA thōṛā le
   saktā/saktī hū?
somebody, someone kōī
something kuchh
   something to eat khāne ke
   liye kuchh
sometimes kabhī kabhī
somewhere kahī
son beṭā
song gānā
son-in-law dāmād
soon jaldī
   I'll be back soon (said by man/
   woman) mA jaldī vāpas āūgā/
   āūgī
   as soon as possible jitnī jaldī
   hōsake
sore: it's sore is me dard hA
sore throat galā Kharāb hA
sorry: (I'm) sorry māf kījiye

sorry? (didn't understand) kyā kahā?

sort: what sort of ...? kis kism kā ...?

soup shōrbā

sour (taste) khaTTa

south dakshin (H), janūb (U)

in the south dakshin me

South Africa dakshin afrīkā (H), janūb afrīkā (U)

South African dakshin afrīkā kā (H), janūb afrīkā kā (U)

I'm South African (man/woman) mA dakshin afrīkā kā/kī hū

southeast dakshin-pūrv (H), janūb-mashrik (U)

southern dakshinī (H), janūbī (U)

southwest dakshin-pashchim (H), janūb-magrib (U)

souvenir yādgār nishānī

Spain spen

Spanish spenī

spanner pānā

spare part purjā

spare tyre phāltū Tāyar

speak: do you speak English? (to man/woman) āp angrezī bōlte/boltī hA?

I don't speak ... (said by man/woman) mA ... nahī bōltā/boltī

can I speak to ...? (said by man/woman) kyā mA ... se bāt kar saktā/saktī hū?

dialogue

can I speak to Ashok?
Ashōk jī se bāt karnī hA

who's calling? kawn bōl rahā hA?

it's Patricia mA Patricia hū

I'm sorry, he's not in, can I take a message? māf kījiye, vō yahā nahī hA, āpkō kuchh kahnā hA?

no thanks, I'll call back later jī nahī, mA phir phōn karūgī

please tell him I called unse kah dījiye ki mAne phōn kiyā thā

spectacles chashmā

speed (noun) raftār

speed limit raftār kī had

spell: how do you spell it? is ke hijje kAse karte hA?

spend kharch karnā

spice masālā

spicy masāle dār

(hot) mirch masāle vālā

spider makRī

splinter tukRā

spoke (in wheel) spōk

spoon chammach

sport khel

sprain: I've sprained my ... mere ... me mōch āgayī

spring (of car, seat) 'spring' (season) vasant (H), bahār (U)

in the spring vasant/bahār me

square (in town) chawk

Sri Lanka shrī lankā

Sri Lankan shrī lankā kā

stairs sīRhiyā

stale bāsī
stamp (noun) TikaT

dialogue

a stamp for England,
please inglAnD ke liye
Dāk kā TikaT dījiye
what are you sending? āp
kyā bhej rahe hA?
this postcard ye pasTkārD

standby (flight) uRān ke vakt
hāzir
star tārā
  (in film) filmī sitārā
start (noun) shuruāt
  (verb: film, play etc) shuru hōnā
  (doing something) shuru karnā
  when does it start? ye kab
  shuru hōtā hA?
  the car won't start kar nahī
  chaltī
starter (food) pahlā dawr
starving: I'm starving mujhe
bhūkh lagī hA
state (country) desh (H), mulk (U)
  the States (USA) amrīkā
station sTeshan
statue mūrti (H), but (U)
stay: where are you staying?
āp kahā Thahre hA?
I'm staying at ... (said by man/
woman) mA ... me Thahrā/
Thahrī hū
I'd like to stay another two
nights (said by man/woman) mA
dō rāt awr Thaharnā chāhtā/
chāhtī hū

steal churānā
  my bag has been stolen merā
  thAlā chōrī hōgayā
steep (hill) Dhalvā
step: on the steps sīRhī par
stereo sTīriō
sterling briTish pāunD
steward (on plane) sTuarD
stewardess sTuarDes,
parichārikā (H)
still: I'm still here mA abhī bhī
yahā hū
  is he still there? kyā vō abhī
  bhī vahā hA?
  keep still! hilō DulO nahī!
sting: I've been stung mujhe
Dank mār diyā
stockings mōzā
stomach peT
stomach ache peT dard
stone patthar
stop (verb) ruknā
  please, stop here (to taxi driver
  etc) yahā rukiye
  do you stop near ...? āp ... ke
  pās rukege?
  stop it! band karō!
stopover paRāv
storm tūfān
straight (whisky etc) Khālis
  it's straight ahead yahā se
  sīdhe jāiye
straightaway fawran
strange (odd) ajīb
stranger ajanbī
  I'm a stranger here mA yahā
  ajanbī hū
strap paTTā
strawberry sTrābarī

stream dhārā
street galī
 on the street saRak par
streetmap saRkō kā nakshā
string rassī
strong zōrdār
stuck phasā
 it's stuck ye phasā hA
student sTuDAnT
stupid bevkūf
suburb muhallā
suddenly achānak
suede sveD
sugar chīnī
suit (noun) sūT
 it doesn't suit me (jacket etc)
 ye mujhe Thīk nahī bAThtā
 it suits you ye Thīk lagtā hA
suitcase sūTkes
summer garmī
 in the summer garmiyō me
sun sūraj
 in the sun dhūp me
 out of the sun chhāh me
sunbathe dhūp seknā
sunblock dhūp se bachne kī
 krīm
sunburn dhūp me jhulasnā
sunburnt dhūp me jhulsā
Sunday itvār
sunglasses dhūp kā chashmā
sun lounger dhūp me bAThne
 ke liye ārām kursī
sunny: it's sunny dhūp niklī hA
sunroof khulne vālī chhat
sunset sūraj Dūbne kā vaKt,
 sūryāsT (H)
sunshade chhāyā (H), sāyā (U)
sunshine dhūp

sunstroke lū lagnā
suntan sanTan
suntan lotion sanTan lōshan
suntanned dhūp se chamRī kā
 badlā huā rang
suntan oil sanTan tel
super baRhiyā
supermarket supar mārkeT
supper shām kā khānā
supplement (extra charge) awr
 kharchā
sure: are you sure? āpkō
 pakkā mālūm hA?
 sure! sach!
surname dūsrā nām
swearword gālī
sweater svATar
sweatshirt svATsharT
Sweden svīDan
Swedish svīDan kā
sweet (taste) mīThā
 (noun: dessert) miThāī
sweets miThāī
swelling sūjan
swim (verb) tArnā
 I'm going for a swim (said by
 man/woman) mA tArne jā rahā/
 rahī hū
 let's go for a swim chalō,
 tArne chale
swimming costume tArne kī
 pōskāk
swimming pool tArne kā tālāb
swimming trunks tArne kā
 jāghiyā
switch (noun) svich
switch off band karnā
switch on (engine, TV) chalū
 karnā

(lights) jalānā
swollen sūjā huā

T

table mez
 a table for two dō lōgō ke liye ek Tebal
tablecloth mezpōsh
table tennis Tebal TAnis
table wine Tebal vāin
tailor darjī
take (verb: lead) le jānā
(accept) lenā
 can you take me to the ...? mujhe āp ... le jāyege?
 do you take credit cards? āp krediT kārD lete hA?
 fine, I'll take it (said by man/woman) Thīk hA, mA ise le lūgā/lūgī
 can I take this? (leaflet etc: said by man/woman) mA ise le saktā/saktī hū?
 how long does it take? kitnā vaKt lagegā?
 it takes three hours tīn ghanTe lagege
 is this seat taken? kyā ye sīt khālī hA?
 samosa to take away samōse bāhar le jāne ke liye
 can you take a little off here? (to hairdresser) yahā par se zarā bāl chāT dījiye
talcum powder TAlkam pāuDar
talk (verb) bātchīt karnā
tall (person) lambā

(building) ūchā
tampons TAmpān
tan (noun) sāvlā rang
 to get a tan sāvlā karnā
tap TŌTī
tape (cassette) Tep
tape measure nāpne kā fītā
tape recorder Tep RikārDar
taste (noun) svād (H), zāykā (U)
 can I taste it? (said by man/woman) mA ise chakh saktā/saktī hū?
taxi TAksī
 will you get me a taxi? mere liye TAksī bulā dege?
 where can I find a taxi? mujhe TAksī kahā milegī?

dialogue

to the airport/to the Ashok Hotel, please havāī aDDe/ashōk hōTal le chaliye
how much will it be? kitne pAse lagege?
500 rupees pāch saw rupaye
that's fine right here, thanks bas yahī par Thīk hA shukriyā

taxi-driver TAksī Drāivar
taxi rank TAksī aDDā
tea (drink) chāy
 tea for one/two please ek chāy/dō chāy dījiye
teabags Tī bAg
teach: could you teach me? mujhe sikhā dege?

teacher (man/woman) māsTar/
masTarānī
tea house chāy kī dukān
team Tīm
teaspoon chāy kī
chammach
tea towel rasōī kā tawliyā
teenager nawjavān
telephone Telīphōn
see phone
television Telivizan, dūr
darshan (H)
tell: could you tell him ...? unse
kah de ki ...
temperature (weather)
Temprechar, tāpmān (H)
(fever) buKhār
temple (Sikh) gurdvārā
(Hindu, Jain) mandir
tennis TAnis
tent tambū
term (at university, school) Tarm
terminus (rail) rel kā āKhirī
sTeshan
terrible bahut burā
terrific bahut baRhiyā
text (message) TAkst
Thai thāilAnD kā
Thailand thāilAnD
than* se
smaller than se chhōTā
thank: thank you shukriyā,
dhanyvād (H)
thanks shukriyā
thank you very much bahut
bahut shukriyā
thanks for the lift lift ke liye
shukriyā
no, thanks jī nahī

dialogue

thanks shukriyā
that's OK, don't mention it
Thīk hA, kōī bāt nahī

that: that boy vō laRkā
that girl vō laRkī
that one vō vālā
I hope that ... mujhe ummīd
hA ki ...
that's nice bahut Khūb
is that ...? kyā vō ...?
that's it (that's right) ye Thīk hA
the*
theatre ThiyeTar
their* (referring to people nearby)
inkā
(referring to people further away)
unkā
it's their car ye inkī kār hA
theirs* (referring to people nearby)
inkā
(referring to people further away)
unkā
them* (referring to people nearby)
inhe
(referring to people further away)
unhe
for them inke liye
with them inke sāth
to them inkō
who? – them kawn? – ye
then (at that time) tab
(after that) uske bād
there vahā
over there vahā
up there ūpar
is there ...? kyā ...?

are there ...? kyā ...?
there is ... ek ...
there are ... kul ...
there you are (giving something)
ye lījiye
thermometer tharmāmīTar
Thermos® flask tharmas bōtal
these*: these men ye ādmī
these women ye awrate
I'd like these mujhe ye
chahiye
they* (nearby) ye
(further away) ve
thick mōTā
(stupid) mōTī aKl kā
thief chōr
thigh jāgh
thin patlā
thing chīz
my things merī chīze
think sōchnā
I think so merā Asā hī Khyāl
hA
I don't think so mere Khyāl
me Asā nahī
I'll think about it (said by man/
woman) mA is par sōch vichār
karūgā/karūgī
thirsty: I'm thirsty mujhe pyās
lagī hA
this: this boy ye laRkā
this girl ye laRkī
this one ye vālā
this is my wife ye merī bībī
hA
is this ...? kya ye ... hA?
those: those men ve ādmī
those women ve awrate
which ones? — those

kawnse? — ve
thread (noun) dhāgā
throat galā
throat pastilles gale ke liye
chūsne kī gōlī
through (via) hōkar
(by means of) ke zariye
does it go through ...? (train,
bus) kyā ye ... hōkar jātī hA?
throw phekn
ā
throw away phek denā
thumb angūThā
thunderstorm garaj kaRak kā
tūfān
Thursday brihaspat vār (H),
jumme rāt (U)
ticket TikaT

dialogue

a return ticket to Rishikesh
rishikesh kā ek vāpasī
TikaT
coming back when? kab
vāpas ānā hA?
today/next Tuesday āj/agle
mangal vār kō
that will be 300 rupees tīn
saw rupaye lagege

ticket office TikaT ghar
tie (necktie) Tāī
tiger bāgh
tight (clothes etc) tang
it's too tight ye bahut tang hA
tights TāiTs
till (cash desk) kAsh kāunTar
time* vaKt, samay (H)
what's the time? kyā vaKt

hA?, kitne baje hA?
this time is vaKt
last time pichhlī bār
next time aglī bār
three times tīn bār
timetable Tāim Tebal
tin (can) Tin
tinfoil Tin kī paTrī
tin-opener Tin khōlne kī chābī
tiny bahut chhōTā
tip (to waiter etc) baKhshīsh
tired thakā
  I'm tired (said by man) mA
  thakā huā hū̃
  (said by woman) mA thakī huī
  hū̃
tissues kāgaz ke rumāl
to: to Delhi/London dillī/
landan (kō)
  to India/England bhārat/
  inglAnD (kō)
  to the post office Dāk-Khāne
  (kō)
toast (bread) TōsT
tobacco tambākū
today āj
toe pАr kā angūthā
together ek sāth
  we're together (in shop etc)
  ham ek sāth hA
toilet shawchālay (H), pāKhānā
(U)
  where is the toilet?
  shawchālay kahā̃ hA?
  I have to go to the toilet
  mujhe shawchālay jānā hA
  (politer) mujhe bāth rūm jānā
  hA
toilet paper TāyleT pepar

tomato TamāTar
tomato juice TamāTar kā ras
tomato ketchup TamāTar kī
  chaTnī
tomb maKbarā
tomorrow kal
  tomorrow morning kal subah
  the day after tomorrow parsō̃
toner (cosmetic) Tōnar
tongue jībh
tonic (water) Tānik vāTar
tonight āj rāt
tonsillitis Tānsil
too (excessively) bahut adhik
  (also) bhī
  too hot bahut garam
  too much bahut zyādā
  me too mujhe bhī
tooth dā̃t
toothache dā̃t me dard
toothbrush dā̃t sāf karne kā
  brash
toothpaste tūth pest
top: on top of ... ... ke ūpar
  at the top sabse ūpar
  top floor sabse ūpar kī manzil
  topless nangī
torch bАTarī vālī Tārch
total (noun) kul
tour (noun) sАr
  is there a tour of ...? kyā ... ke
  liye Tūr hA?
tour guide (man/woman) Tūr kā
  gāiD/Tūr kī gāiD
tourist sАlānī
tourist information office
  Tūrist jānkārī kā daftar,
  paryaTan kāryālaya (H)
tour operator Tūr chalāne vālā

towards kī taraf

towel tawliyā

town shahar

  in town shahar me

  just out of town shahar ke bahār hī

town centre shahar kā bīch

town hall Tāun hāl

toy khilawnā

track (US) pleTfaram

  which track is it for Jaipur? jApur ke liye kawnsā pleTfaram hA?

tracksuit TrAk sūT

traditional purāne tawr tarīke kā

traffic TrAfik, yātāyāt (H)

traffic jam TrAfik kī rukāvat

traffic lights TrAfik lāiT

trailer (US) kārvā

trailer park kārvā kī jagah

train relgāRī, gāRī

  by train relgāRī se

dialogue

  is this the train for Bangalore? (kyā) ye gāRī banglawr ke liye hA?

  sure jī hā

  no, you want that platform there jī nahī, āp us pleTfaram par jāiye

trainers (shoes) khelne ke jūte

train station relve sTeshan

tram Trām

translate anuvād karnā (H), tarzumā karnā (U)

could you translate that? is kā anuvād/tarzumā kar dege?

translation anuvād (H), tarzumā (U)

translator anuvādak (H), tarzumān (U)

trash (waste) kuRā karkaT

  (poor quality goods) ghaTiyā māl

trashcan kūRedān

travel sAR karnā

  we're travelling around ham ghūmne phirne āye hA

travel agent's TrAval ejAnT

traveller's cheque TrAvlar chAk

  do you take traveller's cheques? (to man/woman) āp TrAvlar chAk lete/letī hA?

tray Tre

tree peR

trek (noun) pAdal safar

trekking pAdal ghummā phirnā

tremendous bahut baRhiyā

trendy naye fAshan kā

trim: just a trim please (to hairdresser) mere bāl zarā chhāT dījiye

trip (excursion) sAr

  I'd like to go on a trip to ... (said by man/woman) mA ... kī sAr ke liye jānā chāhtā/chāhtī hū

trolley Trālī

trouble (noun) dikkat

  I'm having trouble with ... (said about man/woman) mujhe ... dikkat de rahā/de rahī hA

trousers patlūn
true sach
  that's not true ye sach nahī
trunk (US: of car) sāman rakhne kī peṭī
try (verb) āzmānā
  can I try it? (said by man/woman) mA ise āzmā ke dekh saktā/ saktī hū?
try on pahan kar dekhnā
  can I try it on? pahan kar dekhū?
T-shirt ṭī sharṭ
Tuesday mangalvār
tuna ṭūnā machhlī
tunnel gufā
turban pagRī
turn: turn left bāyī taraf muRe
  turn right dāyī taraf muRe
turn off: where do I turn off? mA kahā se muR jāū?
  can you turn the heating off? āp hīṭing band kar de
turn on: can you turn the heating on? āp hīṭing chalā de
turning (in road) mōR
TV 'TV'
tweezers chimṭī
twice dō bār
  twice as much itnā hī dubārā
twin beds sāth me lage dō bistar
twin room dō bistarō vālā kamrā
twist: I've twisted my ankle mere ṭakhne me mōch āgayī
type (noun) kism

another type of ... dūsrī kism kā ...
typical apnī kism kā
tyre ṭāyar

U

ugly badsūrat
UK briṭen
ulcer nāsūr
umbrella chhātā
uncle (father's younger brother) chāchā
  (father's older brother) tāyā
  (mother's brother) māmā
unconscious behōsh
under (in position) nīche
  (less than) se kam
underdone (meat) adhpakā
underpants jāghiyā
understand: I understand mA samjhā
  I don't understand mA nahī samjhā
  do you understand? āp samjhe?
unemployed berōzgār
unfashionable fAshan me nahī
United States amrīkā
university yūnivarsiṭī, vishvavidyālay (H)
unleaded petrol binā lAd kā petrōl
unlimited mileage dūr tak lejāne me kōī bandish nahī
unlock tālā khōlnā
unpack sāmān khōlnā
until jab tak
unusual anōkhā

up ūpar
  up there vahā ūpar
  he's not up yet (not out of bed)
  vō abhī uThā nahī
  what's up? (what's wrong?) kyā
  huā?
upmarket ūche kism kā
upset stomach peT me
  gaRbaRī
upside down ulTā pulTā
upstairs ūpar kī manzil me
up-to-date naye Dhang kā
Urdu urdū
urgent zarūrī
us* hame
  with us hamāre sāth
  for us hamāre liye
USA yū As e
use (verb) istemāl karnā
  may I use ...? (said by man/
  woman) kyā mA ... istemāl kar
  saktā/saktī hū?
useful kām kā
usual ām
  the usual (drink etc) hameshā
  vālā

V

vacancy: do you have any
  vacancies? āpke pās kamre
  khālī hA?
  vacation chhuTTī
  on vacation chhuTTī par
vaccination Tīkā
vacuum cleaner vAkum
  klīnar
valid (ticket etc) sahī

how long is it valid for? is kī
  miyād kab tak hA?
valley ghāTī
valuable (adj) kīmtī
  can I leave my valuables
  here? (said by man/woman) kyā
  mA apnī kīmtī chīze yahā
  chhōR saktā/saktī hū?
value (noun) kīmat
van vAn
vanilla vAnilā
  a vanilla ice cream vAnilā
  āiskrīm
vary: it varies ye badaltā rahtā
  hA
vase phūldān
vegetables sabziyā
vegetarian (noun) shākāhārī
vending machine bikrī mashīn
very bahut
  very little for me mere liye
  bahut thōRā
  I like it very much mujhe
  bahut pasand hA
vest (under shirt) baniyān
via ke rāste
video (noun: film) vīDiō
video recorder vīDiō rekārDar
view nazārā
village gāv
vinegar sirkā
visa vīzā
visit (verb: person) milne jānā
  (place) dekhne jānā
  I'd like to visit ... (said by man/
  woman) mA ... dekhne jānā
  chāhtā/chāhtī hū
vital: it's vital that ... ye zarūrī
  hA ki ...

vodka vōdkā
voice āvāz
voltage vōltej
vomit ultī ānā

W

waist kamar
waistcoat vāskaT
wait intzār karnā
  wait for me merī intzār kare
  don't wait for me merī intzār mat kare
  can I wait until my wife gets here? apnī bībī ke āne tak mA yahā intzār kar saktā hū?
  can you do it while I wait? (said by man/woman) āp abhī kar dījiye, mA intzār kartā/kartī hū
  could you wait here for me? yahā par merā intzār kare
waiter bARā
  waiter! bARā!
wake: can you wake me up at 5.30? mujhe sāRe pāch baje jagā de
wake-up call jagāne kī ghanTī
Wales vels
walk: is it a long walk? (kyā) ye lambā rāstā hA?
  it's only a short walk ye thōRī dūr hA
  I'll walk (said by man/woman) mA pAdal chalūgā/chalūgī
  I'm going for a walk (said by man/woman) mA ghūmne jārahā/jārahī hū

wall dīvār
wallet baTuā
wander: I like just wandering around mujhe idhar-udhar ghūmne-phirne kā shawk hA
want: I want
  a ... mujhe ... chāhiye
  I don't want any ... mujhe kōī ... nahī chāhiye
  I want to go home (said by man/woman) mA ghar jānā chāhtā/chāhtī hū
  I don't want to ... (said by man/woman) mA ... nahī chāhtā/chāhtī
  he wants to ... vō ... chāhtā hA
  what do you want? āpkō kyā chāhiye?
ward (in hospital) vārD
warm garam
  I'm so warm mujhe bahut garmī lag rahī hA
was*: he was vō thā
  she was vō thī
  it was ye thā
wash (verb) dhōnā
  can you wash these? āp inko dhō dege?
washer (for bolt etc) vāshar
washhand basin hāth muh dhōne kī chilamchī
washing (clothes) kapRe dhōnā
washing machine vāshing mashīn
washing powder kapRe dhōne kā pāuDar
washing-up: to do the washing-up bartan sāf karnā

102

washing-up liquid bartan dhōne kā sābun

wasp tatAyā

watch (wristwatch) hāth kī ghaRī

will you watch my things for me? merī chīzō kī nigrānī rakhe

watch out! khabar dār!

watch strap ghaRī kā fītā

water pānī

may I have some water? mujhe ThoRā pānī chāhiye

waterproof (adj) vāTarprūf

waterskiing vātar skī

wave (in sea) lahar

way: it's this way idhar hA

it's that way udhar hA

is it a long way to ...? kyā ... bahut dūr hA?

no way! hargiz nahī!

dialogue

could you tell me the way to ...? ... ke liye kis rāste se jāū?

go straight on until you reach the traffic lights TrAfik kī battī tak sīdhe jāye

turn left bāyī taraf muRe

take the first on the right dāyī taraf kī pahlī sarak le

see where

we* ham

weak (person) kamzōr
(drink) halkā

weather mawsam

dialogue

what's the weather forecast? mawsam kAsā rahegā?

it's going to be fine acchhā rahegā

it's going to rain bārish hōgī

it'll brighten up later bād me dhūp niklegī

wedding shādī

wedding ring shādī kī angūThī

Wednesday budhvār

week haftā

a week (from) today āj se ek hafte bād

a week (from) tomorrow kal se ek hafte bād

weekend shanivār awr itvār

at the weekend shani awr itvār kō

weight vazan

weird ajīb

welcome: you're welcome (don't mention it) kōī bāt nahī

well: I don't feel well meri tabiyat Thīk nahī

she's not well inkī tabiyat Thīk nahī

you speak English very well (to man/woman) āp bahut acchhī angrezī bōlte/ bōltī hA

well done! shābāsh!

We

103

this one as well ye bhī
well, well! are vāh!

dialogue

how are you? (to man/
woman) āp kAse/kAsī hA?
very well, thanks, and you?
Ṭhīk hū, shukriyā, awr āp?

well-done (meat) khūb pakā
Welsh velsh
I'm Welsh (man/woman) mA
vels kā/kī hū
were* the
west pashchim (H),
magrib (U)
in the west pashchim me
West Indian vest inDīz kā
western pashchimī (H),
magribī (U)
wet gīlā
what? kyā?
what's that? ye kyā hA?
what should I do? ma kyā
karū?
what a view! kyā nazārā
hA!
what bus do I take? mA
kawnsī bas lū?
wheel pahiyā
wheelchair pahiyōvālī
kursī
when? kab?
when we get back jab ham
vāpas āyege
when's the train/ferry? gārī/
nāv kab jāyegī?
where? kahā?

I don't know where it is
mujhe mālūm nahī ki ye
kahā hA

dialogue

where is the temple?
mandir kahā hA?
it's over there vahā par hA
could you show me where
it is on the map? mujhe
nakshe me dikhāiye ki ye
kahā par hA?
it's just here yahā par hA
see way

which: which bus? kawnsī
bas?

dialogue

which one? kawnsā?
that one vo vālā
this one? ye vālā?
no, that one jī nahī, vō
vālā

while: while I'm here jabtak
mA yahā hū
whisky viskī
white safed
white wine vāiṬ vāin
who? kawn?
who is it? kawn hA?
the man who ... vō ādmī jō ...
whole: the whole week sāre
hafte
the whole lot sāre kā sārā
whose: whose is this? ye

kiskā hA?

why? kyō?

why not? kyō nahī?

wide chawRā

wife: my wife merī bībī

will*: will you do it for me? kyā mere liye ye kar dege?

wind (noun) tez havā

window khiRkī

near the window khiRkī ke pās

in the window (of shop) khiRkī me

window seat khiRkī vālī sīT

windscreen vinD skrīn

windscreen wiper vinD skrīn vāipar

windsurfing vinD sarfing

windy: it's so windy bahut tez havā chal rahī hA

wine vāin

can we have some more wine? thōRī awr vāin dījiye

wine list vāin lisT

winter jāRā

in the winter jāRe me

winter holiday jāRe kī chhuTTiyā

wire tār

(electric) bijlī kā tār

wish: best wishes mubāraKbād, shubh kāmnāye (H)

with ke sāth

I'm staying with ... (said by man/woman) mA ... ke sāth Thahrā/Thahrī hū

without binā

witness gavāh

will you be a witness for me? merī gavāhī dege?

woman awrat

worm kīRā

wonderful bahut baRhiyā

won't*: it won't start ye chālu nahī hōtā

see not

wood (material) lakRī

(forest) jangal

wool ūn

word shabd (H), lafz (U)

work (noun) kām

it's not working ye thīk nahī chal rahī

world duniyā

worry: I'm worried mA pareshān hū

worse: it's worse ye zyādā Kharāb hA

worst sabse Kharāb

worth: is it worth a visit? kyā ye dekhne lāyak hA?

would: would you give this to ...? ye ... kō de de

wrap: could you wrap it up? ise kāgaz me lapeT de

wrapping paper lapeTne kā kāgaz

wrist kalāī

write likhnā

could you write it down? ise likh de

how do you write it? ise kis tarah likhte hA?

writing paper likhne kā kāgaz

wrong: it's the wrong key ye galat chābī hA

this is the wrong train ye galat gāRī hA

the bill's wrong bil galat hA

sorry, wrong number māf kījiye, galat nambar

sorry, wrong room māf kījiye, galat kamrā

there's something wrong with ... ... me kuchh gaRbaR hA

what's wrong? kyā gaRbaRī hA?

X

X-ray Aks-re

Y

yacht nawkā

yard (place) āngan

year sāl

yellow pīlā

yes hā

yesterday kal

yesterday morning kal subah

the day before yesterday parsō

yet abhī tak

dialogue

is it here yet? abhī tak yahā nahī āyā?

no, not yet jī nahī, abhī tō nahī

you'll have to wait a little longer yet āpkō thōRī der tak awr intzār karnī paRegā

yoghurt dahī

yoga yōg

you* (pol) āp
(fam) tum

this is for you (pol) ye āpke liye hA
(fam) ye tumhāre liye hA

with you (pol) āpke sāth
(fam) tumhāre sāth

young javān

your* (pol) āpkā
(fam) tumhārā

yours* (pol) āpke
(fam) tumhāre

that's yours ye āpke/tumhāre hA

youth hostel yūth hōsTal

Z

zero sifar, shūny (H)

zip zip

could you put a new zip on? āp nayī zip lagā dege?

zipcode Dāk kā kōD

zoo chiRiyāghar

Hindi/Urdu

→

English

Colloquialisms

You might well hear the following expressions, but on no account should you use any of the stronger ones – local people will not be amused or impressed by your efforts.

abe! swine!
andhā hA kyā? are you blind?
are! really!, hey!, well!
badmāsh wicked person; naughty child
bakvās nonsense
bāp re bāp! good heavens!
bhāR me Jāye he/she/it can go to hell
buddhū idiot; stupid
chal sāle nikal ya hāse! get lost!
chālū cunning, crafty
chōr kahī kā! bloody thief!
dhat tere kī! damn it!
gadhā kahī kā! stupid idiot!
harāmi/harāmkhōr good-for-nothing, layabout
hāy marā I've had it
kaminā! low life!
kuttā kahī kā! low life!
kuttā kamina! bloody low life!
kyā Khūb! that's great!
lambū beanpole
mōTi chiRiyā moneybags
nīch! low life!
mar sāle! go to hell!
mujhe banātā hA? do you think I'm stupid?
pāgal crazy, mad
sankī eccentric, crazy
sālā jhūThā kahī kā bloody liar
shābāsh! well done!
sālā kuttā! bloody low life!
suvar (kā bachhā) bastard (literally: piglet)
tīs mār Khā show-off
ullū kā paTThā absolute idiot
vāh great, terrific

In this section, alphabetical order is as follows:

a, ã, A, b, ch, d, D, e, f, g, h, i, ī, j, k, K, l, m, n, ō, p, r, R, s, t, T, u, ū, v, y, z

a

ab now
abbā dad
abhāgā unlucky
abhinetā actor
abhinetrī actress
abhī! just a second!
abhī bhī yahā still
abhī tak yet
acchhā good, nice, fine
acchhā hō ki mA ... I'd rather ...
acchhā lagnā to like
acchhā tō! really?
achānak suddenly
achhe se achhe best
achraj bharā astonishing
adālat court
adhpakā underdone, not cooked
afrīkī African
afsōs: mujhe bahut afsōs hA I'm really sorry
afsōs ki bāt hA it's regrettable
agar if
agast August
aglā next; front
agle hafte next week
aglī bār next time
aglā hissā front (part)

agrim (H) advance (money)
ajanabī stranger
ajāyab ghar museum
ajīb funny, odd, weird
akasmāt unexpectedly, by chance
akāran for no reason
akelā alone; single, unmarried; on my own
akelāpan loneliness
aksar often
aksar nahī not often
akTūbar October
aKhbār newspaper
aKhbār kā sTāl newspaper kiosk
aKhbār vālā newsagent's
alag separate; different
alag kisam ke different types
alag se separately
allah (U) God
allāh kā shukr hA! (U) bless you!
almārī cupboard
amīr rich (person)
amrīkā America
amrīkī American
andar inside
andar āiye come in
andar āne kā rāstā entrance
andar band hōnā to lock in
andar jānā to go in, to enter
andar ki bāt secret
andāz estimate; style
andāzan approximately
andāzā approximation
andhā blind
andhera darkness
angrezī English

angrezī me in English
angūThā thumb
angūThī ring (on finger)
anivārya unavoidable
anjān unknown, unfamiliar; unaware
anōkhā unusual
anōpchārik (H) informal
ant end
antardeshīy uRān (H) domestic flight
antar-rāshTrīy (H) international
antyeshTi sanskār (H) funeral
anubhavī (H) experienced
anuchit unfair; unacceptable
anuvād (H) translation
anuvādak (H) translator
anuvād karnā (H) to translate
apāhij disabled
apne āp by myself
apnī kism kā typical
aprAl April
are! really!, hey!, well!
are vāh! well well!
arthī bier
arthī uThanā to die
aRsaTh sixty-eight
aRtālīs forty-eight
aRtīs thirty-eight
asabhya uncivilized
asahya unbearable
asambhav (H) impossible
asbāb (U) baggage
aslī real, genuine
aspatāl hospital
assalam ālekam (U) good morning; good evening
assī eighty

asuvidhā janak (H) inconvenient
asvasth unhealthy
aTAchī briefcase
aThattar seventy-eight
aTThā-īs twenty-eight
aTThānve ninety-eight
aTThārā eighteen
aTThāsī eighty-eight
aTThāvan fifty-eight
avdhi (H) period
awr and; more
  awr sunāō tell us more
awrat woman
awratō ke sAniTarī Tāvel sanitary towels, sanitary napkins
  awr kahī somewhere else
awr kharchā supplement, extra charge
  awr kuchh something else
  awr kuchh? anything else?
  awr kuchh nahī nothing else
awrtō ke kapRe ladies' wear

ā

ābādī population
ābhār thanks
ādat habit
ādhā half
ādhā ghanTā half an hour
ādhā kirāyā half fare
ādhī kīmat half-price
ādhī rāt midnight
  ādhī rāt kō at midnight; in the middle of the night
ādhunik (H) modern

ādhunik chitrshālā modern art
  gallery
ādi et cetera
ādmī man; men
āg fire
āgan forecourt
āgbabūlā angry
āge further; in the future
āge bhejne kā patā
  forwarding address
āge le jānā to lead
āge pīchhe dekhō watch
  where you're going
āg lagī hA! fire!
āgrah (H) insist
āhistā āhistā gradually; (U)
  slowly
āinā mirror
āiye welcome
āj today
  āj se ek hafte bād a week
  (from) today
āj dōpahar this afternoon
ājkal kā modern
āj shām this evening
āj subah this morning
āj rāt tonight
ākāshvāni radio
ākh eye
āKhir end
āKhirī last; latter
āKhir kār eventually
ālpin pin
ām usual; general (adj);
  mango
ām pasand (U) popular
ānā to come
āntarrāshtrīya havāi aDDā
  international airport

āp you
āp hA you are
āpkā your
āpke yours
āpke bād after you
āpreshan operation (medical)
āpreTar operator
āp the you were
ārām rest
ārām deh comfortable
ārāmghar lounge (in airport)
āsān easy, simple
āshā (H) hope
āshchary janak (H) amazing,
  astonishing
āshram sanctuary; monastery
āsmān sky
āstīn sleeve
āTō kī sūjan appendicitis
āTh eight
āūgā to call back; to call
  round
āvāz voice
āyarish Irish
āyarlAnD Ireland
āyu (H) age
āzād free
āzmānā to try

A

AgzhawsT nalī exhaust pipe
Akspres Dāk express mail
Alarjī allergic
Alarjī kī davā antihistamine
AmbulAns ambulance
Ampiyar amp
Anak glasses, eyeglasses

Anak banāne vālā optician
Asā of this sort
Asā-vAsā so-so
Ash-ārām luxury
Ash-ārām deh luxurious

b

bacchā baby (male); child (male)
bacchā gāRī pushchair, buggy
bacche children
bacche kā khānā baby food
bacche kā pōtRā nappy, diaper
bacche kī bōtal baby's bottle
bacche kī chūsnī dummy (baby's)
bacche kī ūchī kursī highchair
bacchī baby (female); child (female)
bachāō! help!
badalnā to change
badbū bad smell
badhazmī indigestion
badhāī! (H) congratulations!
badsūrat ugly
bahan sister
bahattar seventy-two
bahādūr brave
bahānā excuse
bahār (U) spring
bahrā deaf
bahut much; many; very, extremely
  bahut nahī not many
bahut acchhā! good!

bahut adhik too (excessively)
bahut bahut shukriyā thank you very much
bahut baRā enormous
bahut baRhiyā great, wonderful
bahut burā awful, horrible
bahut chhōTā tiny
bahut der a long time
bahut Khūb that's nice
  bahut Khūb! excellent!
bahut subah dawn
  bahut subah kō at dawn
bahut zyādā a lot, lots; too much
  bahut zyādā nahī not very much
bahū daughter-in-law
baje o'clock
bakhār village barn, storehouse
bakrī goat
baks box
baksā bag; case
bakvās: bakvās! nonsense!
  ye sab bakvās hA! rubbish!
bakvās band karō stop talking rubbish
baKhshīsh tip (to waiter etc)
balātkār rape
balki moreover
ballā racket (tennis, squash)
bambai Bombay
banā huā make, brand name
banānā to make
banāv-singār make-up
band closed; blocked; switched off
bandagī salutation; greetings

bandar monkey
bandargāh harbour, port
band hōnā to close, to shut
bandī prisoner
band karnā to close, to shut; to switch off
band karō! stop it!
bandūk gun, rifle
bangalā bungalow
bangālī Bengali
baniyā grocer; merchant
baniyān vest (under shirt)
bansī flute
ban Than ke well-dressed
barāmdā lobby; veranda
barāt wedding procession
barf ice; snow
barmā Burma
barmī Burmese
barsātī raincoat
barsāt kā mawsam monsoon
bartan dhōne kā sābun washing-up liquid
bartan pōchhne kā kapRā dishcloth
bartāniyā Britain
bartānvī British
barth berth; couchette
baRā big, large
baRā banānā enlargement
baRā din Christmas
  baRā din mubārak! merry Christmas!
baRā Dāk Khānā main post office
baRhānā to develop
baRhiyā great, super
baRī dūkān department store

baRī saRak main road
bas bus; coach
bas: bas, rahne dījiye! don't mention it!
  bas, ye kāfī hA, shukriyā that's plenty, thanks
bas kā aDDā bus station, coach station
bas kī sAr coach trip
bas sTāp bus stop
bas sTeshan bus station
batānā to tell
batlānā to explain
battī lamp
battīs thirty-two
baTan button
baTuā wallet; purse
bavanDar violent storm
bawchhār shower
bawddh Buddhist
bayālīs forty-two
bayān description
bayāsī eighty-two
bābuji gentleman; sir
bād after
bādal cloud
bādh dam
bād me later on, afterwards
bādshāh king
bāg garden
bāgh tiger
bāh arm
bāhar: vō bāhar gayā hA he's out
bāhar jānā to go out
bāhar jāne kā rāstā exit
bāhar khule me outdoors
bāhar nikalnā to get out (of car etc)

bāhar se tālā na khulnā to lock out
bā-īs twenty two
bājā musical instrument
bāje vālī Tōlī orchestra
bākā crooked; showy
bākī the rest
bāl hair
bālak child
bālbachhe children
bālig adult
bālī earrings
bāl kaTāi haircut
bāl krishna young Lord Krishna
bālō kā burush hairbrush
bālTī bucket
bānve ninety-two
bāp dad
bārā twelve
bār bār frequent
bārish rain
  bārish hō rahī hA it's raining
bāRā fence
bāRh flood
bās bamboo
bāsaTh sixty-two
bāsī stale
bāt talk
  kyā bāt hA? what's the matter?
bātchīt karnā to talk
bāT delivery (of mail)
bāTnā to deliver
bāvan fifty-two
bāyā left
bāyī taraf on the left; to the left
bāyī taraf muRe turn left

bāzār market; shopping centre
bāzārū downmarket
bāzū arm
bAgnī purple
bAlgaRi ox cart
bAnk kārD credit card
bArā waiter
bAsākhī crutches
bAtul Khalā (U) toilet, restroom
bATarī battery
bATarī vālī Tārch torch
bAThak lounge (in house, hotel)
bATh jāiye! sit down!
bATh jāō! sit down!
bAThnā to sit
bechnā to sell
begunāh innocent
behōsh unconscious
behōsh hō jānā to faint
behtar better
behtar banānā to improve
bejān dull (pain)
berōzgār unemployed
beshak of course
betukā ridiculous
beTā son
beTī daughter
bevkūf stupid
bhagvān God
bhagvān āpkā bhalā kare! (H) bless you!
bhagvān kā shukriyā! thank God!
bhakti religious devotion
bhalā well; good
  āpkā bhalā hō may God bless you

bhalāi goodness
bhale hi it doesn't matter
bharā full, crowded
bhar denā to fill up
bharnā to fill in
bhatījā nephew (brother's son)
bhatījī niece (brother's daughter)
bhaTThī oven
bhavishya (H) future
bhayānak (H) dangerous
bhābhī sister-in-law (brother's wife)
bhāda fare
bhāDā pot
bhāgō bhāgō! run, run!
bhāgya (H) luck
bhāi brother
bhāiō awr bahnō! ladies and gentlemen!
bhāi sāhab! mister!
bhānDe-bartan pots and pans
bhāng hashish
bhānjā nephew (sister's son)
bhānjī niece (sister's daughter)
bhārat India
bhārī heavy
bhārtīya Indian
bhāshā (H) language
bhāshā pāThya kram (H) language course
bhejnā to send
bhikhārī beggar
bhī too, also; even
bhīR crowd
bhīR ke vaKt rush hour
bhītar kā tālāb indoor pool
bhōjan (H) meal
bhōlā bhālā simple
bhrashTāchār corruption

bhunānā to change (money)
bhūkhā hungry
bhūl jānā to forget
bhūrā brown; grey
bigaRnā to break down; to damage
bigRī damaged
bijlī electricity; lightning
bijlī kā electric
bijlī kā balb light bulb
bijlī kā fyūz fuse
bijlī kā laTTū light bulb
bijlī kā mistrī electrician
bijlī kā pankhā fan (electrical)
bijlī kā plag plug (electrical)
bijlī kā sākeT socket, power point
bijlī kā sāmān electrical appliances
bijlī kā tār lead, wire
bijlī kā ustarā shaver
bijlī kī katawtī power cut
bikrī sale
bikrī ke liye for sale
bilding apartment block
bilkul completely
bilkul! exactly!
bilkul nahī of course not; definitely not
bilkul sahī quite correct
bilkul Thīk absolutely, I agree
billī cat
binā without
binā lAd kā petrōl unleaded petrol, unleaded gas
binā mahsūl kā (sāmān) duty-free (goods)
binā mahsūl kī dukān duty-

free shop
bindiyā dot on the forehead
birlā rare, uncommon
bistarā bed
bībī wife
bīch centre, middle
bīch me between; in the middle
bīch vālā the middle one
bīch kā central; medium
bīch kā chātā beach umbrella
bīch ke māp kā medium-sized
bīmā insurance
bīmār ill, (US) sick
bīmārī illness; disease
bīRī sigreT manāhī vālā Dibbā nonsmoking compartment
bīs twenty
blāwz blouse
bōjh, bōjhā weight; burden; load
bōlnā to speak
bōtal bottle
bōtal khōlne kī chābī bottle-opener
brek brake
brihaspat vār (H) Thursday
brīTen Britain, UK
brīf kes briefcase
buddhū idiot
budhvār Wednesday
buk karānā to book
buKhār temperature, fever
bulānā to call
burā bad, offensive
burī tarah (se) badly
burush brush
but (U) statue
buzurg senior citizen

bi

būRhā/buRhiyā old
būth kiosk
būT boot (footwear)

ch

chacherā bhāi cousin (male)
chacherī bahan cousin (female)
chale jāō! go away!
chaliye let's go
chalnā to walk; to move
chalō chale! let's go!
chalte banō get lost
chalū karnā to switch on
chammach spoon
chamRā leather
chamRī skin
chapTā flat (adj)
charbī fat
charbī vālā khānā rich (food)
chaRhnā to get on (to train etc); climbing
chashmā glasses, spectacles; fountain (for drinking)
chaTāi mat
chaTTān rock
chavālīs forty-four
chavvan fifty-four
chawbīs twenty-four
chawdā fourteen
chawhattar seventy-four
chawk square (in town)
chawrāhā crossroads, intersection
chawrānve ninety-four
chawrāsī eighty-four
chawRā wide
chawRī saRak avenue

chawsaTh sixty-four
chawthāi hissā quarter
chawtīs thirty-four
chābī key; bottle opener
chābī kā chhallā keyring
chāchā uncle (father's younger brother)
chāchī aunt (paternal)
chād moon
chādar sheet
chāhe ... even if ...
chāhiye wanted
  āpkō kyā chāhiye? what do you want?
  mujhe ... chāhiye I want ...; I need ...
chāhnā to want
  vō ... chāhtā hA he wants to ...
  mA ... nahī chāhtā/chāhtī I don't want to ... (said by man/woman)
chākū knife
chālīs forty
chāndī silver
chāppal sandals
chār four
chāval rice
chāy kī chammach teaspoon
chāy kī dukān tea house
chāy-pānī kī dukān café
chAk cheque, (US) check
chArī cherry
chehrā face
chhabbīs twenty-six
chhajjā balcony
chhappan fifty-six
chhat ceiling; roof
chhattīs thirty-six

chhavRī basket
chhāh shade
  chhāh me in the shade
chhātā umbrella
chhātī chest; breast
chhāyā (H) sunshade
chhA six
chhed hole
chhiālīs forty-six
chhiānve ninety-six
chhiāsaTh sixty-six
chhiāsī eighty-six
chhihattar seventy-six
chhipānā to hide (something)
chhipkalī lizard
chhipnā to hide (oneself)
chhīk sneeze
chhōRnā to leave (leave behind)
chhōTā small; short
chhōTā aspatāl clinic
chhōTā chākū penknife
chhōTā rāstā shortcut
chhōTā tawliyā facecloth
chhōTī mātā chickenpox
chhōTī mōTar sāikil moped
chhurī-kāTe cutlery
chhuTe sāmān kā daftar left luggage (office), baggage check room
chhuTTī holiday, vacation
chhūT gayī missed (bus)
chhūTnā to leave (depart)
chillānā to shout
chimTī pliers; tweezers
chiRiyā bird
chiRiyāghar zoo
chitr (H) picture, painting
chitrshālā (H) art gallery
chiTTe bālō vālā/vālī blond

(adj)
chiTThī letter
chiTThī kā kāgaz writing paper
chīn China
chīnī Chinese; sugar
chīnī ke bartan crockery
chīnī miTTī ke bartan china
chīTī ant
chīyars! cheers! (toast)
chīz thing
chōgā dressing gown
chōlī bra; blouse
chōr thief
chōrī burglary
chōT bruise; injury
chōT lagnā to hurt, to injure
chummā kiss
chunanā to choose
chungī Customs
chup! shut up!
chup rahō! quiet!
churānā to steal
churuT cigar
chūhā mouse; rat
chūlhā cooker
chūmnā to kiss
chūnā mortar; lime
chūnā lagā diyā rip-off (prices)
chūredār sābun soap powder
chūRiyā bangles
chūtaR bottom (of person)

ch

d

dab gayā jammed
daftar office

dakshin (H) south
dakshin afrīkā (H) South Africa
dakshin afrīkā kā (H) South African
dakshinī (H) southern
dakshin-pashchim (H) southwest
dakshin-pūrv (H) southeast
daK distance
dal (H) group
damā asthma
damkal fire brigade
danD fine
dangā riot
dar exchange rate
darāz drawer
dard ache; pain; sore
dard miTāne kī davā painkillers
dardnāk painful
dargāh shrine
dariyā sea; river
darī carpet
darjī tailor
darj karānā to check in
darmiyānā medium
darpan (H) mirror
darrā pass (in mountains)
darvān doorman, porter
darvāzā door
darzan dozen
das ten
das lākh million
dastak knock on the door
dastāne gloves
dastāvez document
dastkārī kī dukān craft shop
dastKhat (U) signature

dastūr custom
davā drug; medicine
davā kī dukān/davāKhānā pharmacy, chemist's
dawr course (main course etc)
dawrā fit, attack
dawR race (for runners, cars)
dawRnā to run
dayālu kind
dādā grandfather
dādī grandmother
dāg stain
dāKhilā admission charge
dām price
dāmād son-in-law
dāru alcoholic drink
dāRhī beard
dāt tooth
dāt me bharne kā masālā filling (in tooth)
dāt me dard toothache
dātōō kā DākTar dentist
dāt sāf karne kā brash toothbrush
dāt sāf karne kā reshā dental floss
dāvat invitation; party (celebration)
dāvat denā to invite
dāyā right (not left)
dāyī taraf muRe turn right
dāyī taraf on the right
dāyrā circle
de denā to deliver
dehāt country, countryside
dekhbhāl karnā to look after
dekhnā to see; to check
dekhne jānā to visit (place)
dekhte rahnā! look out!

denā to give
der delay; late
desh (H) country
devī goddess
devtā god
dhadhaktī āg fire
dhadhā profession; business
dhakka shock
dhakkā denā to push
dhanvān rich
dhanyvād (H) thank you
dharm (H) religion
dhaR bust
dhat tere kī! damn!
dhāgā thread
dhārā stream
dhātu metal
dhīmā slow
dhīre dhīre (H) gradually; slowly
dhōbī washerman
dhōbī ghāT laundry (place)
dhōkhā to swindle
dhōnā to wash
dhōtī cloth worn around the waist
dhuā smoke
dhudhlā cloudy, dull
dhulāi ghar laundry (place)
dhulāi ke kapRe laundry (clothes)
dhulāi kī dukān launderette
dhundh fog
dhurī axle
dhūl dust
dhūl bharā dusty
dhūp sunshine
dhūp me in the sun
dhūp niklī hA it's sunny

dhūp kā chashmā sunglasses; goggles

dhūp me jhulasnā sunburn

dhūp me jhulsā sunburnt

dhūp se bachne kī krīm sunblock

dhūp seknā to sunbathe

dhyān rakhe! be careful!

dikhāiye show me

dikkat trouble

dil heart

dilchasp interesting

dilchaspī interest
meri ... me dilchaspī hA I'm interested in ...

dil kā dawrā heart attack

dillī Delhi

dilpasand favourite

din day
dō din bād in two days from now

din bhar kī sAr day trip

disambar December

diyāsalāyi matches

dījiye give me
ek awr dījiye may I have another one?

dh

dīvār wall

dō two
dō ... a couple of ...

dō bār twice

dō bistarō vālā kamrā twin room

dō hafte fortnight, two weeks

dōnō both

dōnō me se ek either of them

dōnō me se kōī nahī neither (one) of them

dōpahar afternoon; noon, midday; at midday

dōpahar me in the afternoon

dōpahar kō at noon

dōpahar kā khānā lunch

dōpahar ke bād pm

dōst friend

dōstānā friendly

dubhāshiyā interpreter

dublā skinny

dudhūvālā milkman

dukān shop

dukhnā to feel pain
dukh rahā hA? is it painful?

dulhan bride

duniyā world

durg fort

durghaTnā (H) accident

durghaTnā vibhāg (H) casualty department

dushman enemy

dūr far

dūr darshan (H) television

dūrī distance

dūr kī telīphōn kāl long-distance call

dūshit (H) polluted

dūsrā another; second (adj); other; the other one

dūsrā nām surname

dūsrā rāstā diversion, detour

dūtāvās (H) embassy

D

Dabal double

Dabal bistar double bed

Dabal kamrā double room

Dabal rōTī bread

120

Dabal rōTī kī dukān bakery
DakAtī robbery
Dallī lump
DanDa truncheon, nightstick
Dāk mail, post
Dākā raid
Dāk baks letterbox, mailbox
Dāk gāRī express (train)
Dāk kā kōD postcode, zip code
Dāk-Khānā post office
Dāk-Khāne me jamā chiTThiyā poste restante, general delivery
Dāk me Dālnā to post, to mail
Dāk se bhejnā to post, to mail
DākTar/DākTarnī doctor (man/woman)
Dākū robber, bandit
DāT cork; plug (in sink)
DāT rebuke
Dāyal karnā to dial
Dāyal karne kā kōD dialling code
Dāyrī diary
DAk deck (on ship)
DAk kursī deckchair
Degchī saucepan
Derā Dālnā to camp
Dhakkan cap (of bottle)
Dhaknā lid
Dhalvā steep (hill)
Dhābā roadside café
Dhāchā pattern
Dhibrī nut (for bolt)
Dhīlā loose (handle etc)
DhūDhnā to look for
Dibbā carton; can, tin; coach, carriage, compartment
Dōngī dinghy; canoe

Drāivar driver
Drāmā play (in theatre)
Dūbjānā to drown
DyawDhī foyer

e

eDs bīmārī AIDS
ehsānmand grateful
ek a, an; one
ekānt secluded
ek bār once
ekdam at once, immediately
ek hazār thousand
ek lākh hundred thousand
ek sāth together
ekspres express (train)
ek vakt kā khānā half board
eRī heel (of foot)
eRī lagāne kā kāwnTar shoe repairer's
eyar kanDīshan air-conditioned
eyar kanDīshan kamrā air-conditioned room
eyar kanDīshan karnā air-conditioning

f

fan (U) art
fankār (U) artist
fark difference
farsh floor (of room)
farvarī February
fasT eD first aid
fasT eD kā baksā first-aid kit

fawran immediately, at once, straight away

fāram form, document

fAks kar denā to send a fax

fAshan me nahī unfashionable

fAshan parast fashionable

fAslā decision

fehrisht me dī gayī flāit scheduled flight

fikrō kī kitāb phrasebook

film film, movie

film dhōnā film processing

filmī sitārā film star

fī sadī per cent

fisalne vālā slippery

flAT flat, apartment

frānsīsī French

friz fridge

fuT foot (measurement)

fuTbāl football

fuvvārā fountain

fūl flower

g

gaddā mattress

gaddī cushion; saddle (for bike)

gadhā donkey; stupid

gahrā deep, dark (colour)

gahrā nīlā navy blue

gaj yard

galat wrong

galatfahmī misunderstanding

galā throat; neck

gale kā hār necklace

galiyārā corridor

galiyāre kī sīT aisle seat

galī street; lane

galīchā carpet

galtī error, mistake; fault

gambhīr (H) serious

gandagī dirt

gandā filthy, dirty

ganjā bald

garaj kaRak kā tūfān thunderstorm

garam warm; hot

garbh nirōdhak gōlī (H) contraceptive pill

garbhvatī (H) pregnant

gardan neck

garīb poor (not rich)

garmī heat; summer

garmiyō me in (the) summer

gaRbaRī disorder; breakdown (of machine)

kyā gaRbaRī hA? what's wrong?

gavāh witness

gazab unexpected; unbelievable; extraordinary

gāiD ke sāth sAr guided tour

gāl cheek

gāli swearing

gānā music; song; sing

gāne vālā/vālī musician; singer (man/woman)

gānjā marijuana

gāRī train

gāRī se by rail

gāRī khaRī karnā to park

gāv village

gāy cow

gāyab missing

gāyab hōnā to disappear

gArkānunī unlawful

ged ball

ghanTā hour
ghar home; house
  kyā vō ghar par hA? is he in?, is he at home?
gharelū uRān domestic flight
ghaRiyāl crocodile
ghaRī clock; wristwatch
ghaTiyā poor quality
ghaTiyā māl rubbish, garbage
ghās grass
ghās kā mAdān lawn
ghāT jetty
ghāTī valley
ghāyal injured
ghinōnā revolting
ghōRā horse
ghōRā gāRī horse-drawn carriage
ghōslā nest
ghughrālā curly
ghuR savārī horse riding
ghuTnā knee
giārā eleven
gilās glass (for drinking)
gintī number, figure
girjā church
girnā to fall
gīlā wet; damp
gōd lap
  parbat kī gōd foothill; valley
gōlā circle
gōl-dāyrā circle (in theatre)
gōlī pill; bullet
gōrā fair (adj)
gōsht meat
gufā cave; tunnel
gulāb rose
gulābī pink
guldastā bouquet

gum missing
gumTā bruise; lump (on body)
gun (H) quality
gurdā kidney
gurdvārā temple (Sikh)
guruvār Thursday
guRiyā doll
gusal (U) bath
gusalKhānā bathroom
gussā karnā to be angry
gustāKh rude
gustaKhi māf! forgive the rudeness!

h

had se zyādā sāmān excess baggage
haDDī bone
haDDī kā TūTnā to fracture
haftā week
halkā light (not heavy); weak (drink)
halkā bhūrā beige, light brown
halkā khānā snack
halkā nīlā light blue
hallāgullā uproar; street fighting
halō hello (answer on phone)
halvāī shop selling sweets and savoury snacks
ham we
  ham hA we are
  ham the we were
hame us
hameshā always
hamlā attack

harā green
harārat feverishness
har chīz everything
har ek everyone; each, every
hargiz nahī not in the least
har kahī everywhere
harkārā courier
har rōz every day; per day
hasnā to laugh
hastākshar (H) signature
hatthā handle (on door)
haTānā to move; to remove
havā breeze; air
havādār draughty
havāi aDDā airport
havāi aDDe kī bas airport bus
havāi Dāk se by airmail
havāi jahāz plane, airplane
  havāi jahāz se by air, by plane
havāi jahāz se jānā to fly
havāi lifāfā airmail envelope
havāi patr (H) airmail letter
havālāt custody; lock-up
havāldār police constable
havelī big mansion
hā yes
hādasā (U) accident
hādase ka mahakmā (U) casualty department
hāl: kyā hāl hA? how are you?
hālāki although
hālenD Netherlands
hāl hī me recently, the other day
hāmārā our; ours
hāmilā (U) pregnant
hāth hand
hāthī elephant

hāth kā sāmān hand luggage
hāth kī ghaRī wristwatch
hāTh kā pankhā fan
hāy re! oh no!
hA is; are
  ham hA we are
  āp hA you are
hAnD bAg handbag, (US) purse
hAratangez (U) amazing
hijaRā eunuch
himālay pahāR the Himalayas
hindī Hindi
hind mahāsāgar Indian Ocean
hindustānī Indian; Hindi
hindū Hindu
hissā piece, part
hīrā diamond
hōgayā: kyā hōgayā? what has happened?
hōkar through, via
hōlī Festival of Colours
hōnā to be; to have; to happen
hōshiyār clever, intelligent; careful
  hōshiyār rahe! be careful!
hōsh me sober (not drunk)
hōsh me hA conscious
hōTal hotel
hōTal kā kamrā hotel room
huā: kyā huā? what happened?
hū am

i

idhar over here
  idhar hA it's this way

ijāzat permission
ikattīs thirty-one
ikaTThā karnā to collect
ikhattar seventy-one
ikkis twenty-one
iksaTh sixty-one
iktālīs forty-one
ikyānave ninety-one
ikyāsī eighty-one
ikyāvan fifty-one
ilāj karnā to cure
ilāKā area, region
ilāKe kā kōD area code
imām (U) priest
imārat building
imtahān exam
in these
inhe them (nearby)
injan engine
inkā their; theirs (nearby)
inkō them (nearby)
intzār karnā to wait; to look
  forward to
is this
ishthār poster; advertisement;
  leaflet
iskā his; her; hers (nearby)
isrār (U) insist
istaKbāl (U) reception
is taraf over here
istarī iron (for ironing)
istemāl karnā to use
itar perfume
itnā as much as this
  itnā burā nahī not so bad
  itnā hī acchhā as good as
  itnā zyādā nahī not so much
itvār Sunday
izāzat denā to let, to allow

izzat honour
īmāndār honest
īmāndārī se fairly
īshvar (H) God

j

jab when
jabRā jaw
jab se since
jab tak until; while
jagah place
jahāz ship
  jahāz se by ship
jahrīlā poisonous
jalan jealousy
jalānā to switch on; to light
jaldī quick; soon; early
jaldī karnā to hurry
jaldī karō! hurry up!
jaldī se quickly
jale kā dāh burn
jal gayā it's burnt
jalnā to burn
jamā deposit (as part payment)
jamā huā frozen
jamāne: gujre jamāne me in
  the past
janāb (U) Mr
janānā ladies' room
janāzā (U) funeral
jangal forest, woods
janmdin (H) birthday
janūb (U) south
  janūb me (U) in the south
janūb afrīkā (U) South Africa
janūb afrīkā kā (U) South
  African

janūbī (U) southern
janūb-magrib (U) southwest
janūb-mashrik (U) southeast
janvarī January
jaRāū pin brooch
javāhirāt jewellery
javān young
jawharī jeweller's
jāchpaRtāl karnā to check
jāganā to stay awake
jāgate rahō! beware!
jāgh thigh
jāghiyā shorts; (under)pants
jāl net
jālī fake, forgery
jānā to go
jān bachāne kī jākeT life
  jacket
jān bachāne kī peTī lifebelt
jān būjh kar deliberately
jāne dījiye! never mind!
jāne kī jagah destination
jānkārī information
jānkārī kā daftar information
  office
jānkārī kī jagah information
  desk
jānvar animal
jāō! go away!
jāRā winter
  jāRe me in (the) winter
jāz sangīt jazz
jAn dharm Jainism
jeb pocket
jeb katrā/katrī pickpocket
  (man/woman)
jel prison
jhagRā quarrel
jhanDā flag

jhaT quickly
jhaTkā jerk; shock
jhaTpaT quickly
jhāRū broom, brush
jhilmilī shutter (on window)
jhilmilī pardā blinds
jhīl lake
jhōlā bag
jhūThā false
jhūTh bōlnā to tell a lie
jigar liver (in body)
jins (U) sex
jism (U) body
jitnī jaldī hōsake as soon as
  possible
jī expression of respect
  jī hā yes, please
  jī nahī no; no, thanks; sorry
jībh tongue
jīn jeans
jīvan (H) life
jōKhim bharā risky
jōr with extra strength; with
  exertion
jōRā/jōRī couple; pair
judā separate
julāb laxative
jumme rāt (U) Thursday
jurmānā fine
jute kī eRī heel (of shoe)
jūā gambling
jūlus procession;
  demonstration
jūtā shoe
jūte kī pālish shoe polish
jyādā: mujhe ... jyādā pasand
  hA I prefer ...

k

kab? when?
kabhī ever
kabhī kabhī sometimes
kabhī nahī never
kabr grave
kabristān cemetery
kabutar pigeon
kabz constipation
kafnī upper unsewn garment
kahā? where?
    āp kahā se hA? where are
    you from?
    ye kahā hA? where is it?
    kyā kahā? sorry?, pardon
    me?
kahī somewhere
kahnā to say
kahte hA: ise ... kahte hA he is
    called ...
    is kō kyā kahte hA? what's it
    called?
kaī several
kal tomorrow; yesterday
kal rāt last night
kalam pen
kalā (H) art
kalāī wrist
kalākār (H) artist
kal se ek hafte bād a week
    (from) tomorrow
kal subah tomorrow
    morning; yesterday
    morning
kam less; low (prices)
    kam mahangā inexpensive
kamar waist

kamāl kā brillliant
kamānī lever
kambal blanket
kamīz shirt
kampanī company, business
kamrā room; flat, apartment
kam se kam at least
kamzōr weak (person)
kandhā shoulder
kangan bracelet
kanghī comb
kapRā cloth, material
kapRe clothes
kapRe ājmāne kā kamrā
    fitting room
kapRe badalnā to get changed
kapRe dhōnā washing,
    laundry
kapRe dhōne kā pāuDar
    washing powder
kapRe pahannā to get
    dressed
kapRe phAlāne kī rassī clothes
    line
kapRe Tāgne kī chimTī clothes
    peg
kare:
    āp ... kare you should ...
    āp ... mat kare you
    shouldn't ...
karnā to do
    mA kyā karū? what should I
    do?
kaRā hard
kaRhāi pan
kaRvā bitter
kasāi kī dukān butcher's
kasrat kī jagah gym
kaTawtī discount

kaThin (H) difficult
kaThināyī (H) difficulty
kawā crow
kawn? who?
kawnsā? which one?
kawnse? which ones?
kā of
 ... kā banDal a pack of ...
 ... kā jōRā a pair of ...
kāch glass (material)
kāfī quite; very; enough; coffee
 kāfī ... plenty of ...
kāfī baRā a lot bigger
kāfī sārā quite a lot
kāgaz paper
kāgaz ke rumāl tissues, Kleenex®
kāgpech corkscrew
kālar collar
kālā black; dark (hair)
kālā bāzār black market
kālej college
kām job; work
kām kā useful
kām me lage hue busy
kān ear
kānūn law
kār car
 kār se by car
kār chalānā to drive
kār chalāne kā lāisens driver's licence
kārīgar mechanic
kārkhānā factory
kārōbār business
kāryakram (H) programme
kāsā bronze
kāTā fork

kāTnā to cut; to bite
kāunTar counter
kAmp kī jagah campsite
kAmp lagānā to camp
kAmre kī dukān camera shop
kAmre kī flAsh flash (for camera)
kAnchī scissors
kAse how
 āp kAse hA? how are you? (to man)
kAsh kāunTar cash desk, cashier
kAsī how
 āp kAsī hA? how are you? (to woman)
ke of
ke alāvā apart from
ke andar into; inside
ke bād after; next, after that
ke bāhar outside
ke bāre me about
ke bīch me among
ke dawrān during
ke jAsā similar
ke Khilāf against
ke liye for
kendra (H) centre
kendrīya (H) central
ke nīche under
ke pare beyond
ke pār across
ke pās near; next to; at
 ... ke pās beside the ...
ke rāste via
ke sāth with
ke sivā except
keval (H) only
ke zariye through, by means of

khabar dār! watch out!
khabbā left-handed
khanDhar ruins
kharāb bad
kharch karnā to spend
kharōch scratch
khasrā measles; German measles
khaTārā old banger
khaTiyā cot
khaTTa sour
khādī handwoven cotton cloth
khādī kī Tōpī white cap
khākā drawing
khālā (U) aunt
khā lō! eat up!
khānā food; meal; dish; to eat
khāne kā kamrā dining room
khāne-pīne kā Dibbā buffet car
khāRī bay
khās girjā cathedral
khāsī cough
khāsī kī davā cough medicine
khāta bank account
khel sport; game
khel kā mAdān playground
khelkūd athletics
khelnā to play
khelne ke jūte trainers (shoes)
khet farm
khilawnā toy
khiRkī window
  khiRkī ke pās by the window
khiRkī vālī sīT window seat
khīchnā to pull
khōjnā to search

khōl crown (on tooth)
khōlnā to unlock; to open; to unpack
khōnā to lose
khōye sāmān kā daftar lost property office
khudā hāfiz (U) good night
khujlī itch
khulā open
khulāsā brief
khulā TikaT open ticket
khulī saRak motorway, freeway, highway
khullā change (smaller notes)
khulnā to open (of shop etc)
khulne kā vaKt opening times
khushbū scent, fragrance
khūb pakā well-done (meat)
khūbsūrat attractive
kinārā shore
kirāyā rent; fare
kirāye kī kar car rental; rented car
kirāye par for hire, for rent
kirāye par lenā to hire, to rent
kishtī boat; ferry
kiskā? whose?
kism sort, type
  kis kism kā ...? what sort of ...?
kismat luck
kitāb book
kitābō kī dukān bookshop, bookstore
kitnā? how much?; how many?; what?
kitnā vaKt lagēgā? how long does it take?
kitne? how much?; how

many?; what?

kitne pAse lagege? how much is it?

kitne baje hA? what's the time?

kī of

kī bazāy instead

kīchaR mud

kījiye please; please do

ye mat kījiye! don't do that!

kīl nail (metal)

kīmat price; cost; charge; value

is kī kīmat kyā hA? how much is it?

kīmat lagnā to cost

kīmtī valuable

kī nisbat than

kīRā insect; worm

kīRā kāTnā insect bite

kīRe mārne kī davā antiseptic; disinfectant; insect repellent

kī sagāi hō chukī engaged (to be married)

kī taraf towards

kō to; at; with regard to

kō dekhnā to look at

kōD nambar dialling code

kōhnī elbow

kōī somebody, someone; anybody

kōī bāt nahī you're welcome, don't mention it; it doesn't matter

kōī dikkat nahī! no problem!

kōī nahī nobody, no-one

kō jānnā to know (a person)

kōnā corner

kōne me in the corner

kōne par on the corner

kōT coat

kōTharÄ cabin

kōThī mansion

kōT rakhne kā kamrā cloakroom

kōT Tāngne kī khūTī coathanger

kōyal cuckoo

kripayā (H) please, kindly

krismas se pahlā din Christmas Eve

kritagya (H) grateful

kshamā (H) apology

kuchh anything; something

kuchh had tak to some extent

kuchh nahī nothing

kudratī natural

kuhrā mist; fog

kukar cooker

kul total

kulī coolie, railway porter; labourer

kul milākar altogether

kumārī (H) Miss

kunbā (U) family

kursī chair

kurtā typical Indian upper garment

kuttā dog

kutubnumā compass

kuvārā bachelor

kūchī brush (artist's)

kūdnā to jump

kūlhā bottom (of person); hip

kūRā karkaT rubbish, trash

kūRedān dustbin, bin, trashcan

kyā? what?

kyā ye ... hA? is this ...?

kyā ... hA? is it ...?; do you ...?

kyā bāt hA? what's the matter?

kyā hāl hA? how are you?

kyā kahā? sorry?, what did you say?

kyõ? why?

kyõ nahī? why not?

kyōki because

K

Kabūl karnā to accept

Kad height

Karīb-Karīb almost

Katār queue

Kawmiat (U) nationality

Kawmī (U) national

KāT bite

Khabar news

Kharāb bad; disgusting; bad state

ye zyādā Kharāb hA it's worse

Khargōsh rabbit

Kharīdārī rakhne kā ThAlā carrier bag

Kharīdnā to buy

Khatarnāk dangerous

Khatm end

Khatm hōnā/Khatm karnā to finish

Khatrā danger

Khatre kī hālat emergency

Khatre kī hālat me bāhar jāne kā rāstā emergency exit

Khayal idea

Khākā map (city plan)

Khālis straight (whisky etc)

Khālī empty

Khālī nahī engaged, busy; engaged, occupied

Khāmōsh! (U) quiet!

Khāmōshī silence

Khārish rash (on skin)

Khās (H) main; special

Khāsiyat quality

Khāskar especially

KhāTūn (U) lady

Khāvind (U) husband

Khizā (U) autumn, (US) fall

Khud by myself

Khudā āpkā bhalā kare! (U) bless you!

Khudā hāfiz (U) goodbye, bye; good night

Khud-bakhud lenā self-service

Khumār hangover

KhunKharābā bloody fighting

Khurāk diet

Khush happy, glad

āp se milkar baRī Khushī huī pleased to meet you

Khush kismatī se fortunately

Khūbsurat beautiful; pretty

Khūn blood

KhūTī tent peg

Kilā castle

l

lachīlā elastic

lachīlā fītā elastic band

lafz (U) word

131

lagbhag (H) nearly; approximately
lahar wave; current
lahū blood
lakīr line
lakRī wood (material)
lambā long; tall
lapeTne kā kāgaz wrapping paper
laRāi fight
laRkā boy
laRkī girl
lāgat charge, fee; cost
lāgat kā kārD charge card
lāl red
lālchī greedy
lānā to get, to fetch; to bring
lārī lorry
lAns lens (of camera)
le ānā to fetch
le jānā to take; to lead; to carry
lekin but
lenā to take, to accept; to have; to collect
leTnā to lie down
lifāfā envelope
lifT lift, elevator
likhnā to write
  ... ne likhā written by ...
likhne kā kāgaz writing paper
ling (H) sex (gender)
lījiye: ye lījiye here you are
lōg people
lōkal stopping train
lōk nritya folk dancing
lōkpriy (H) popular
lōk sangīt folk music

lugat (U) dictionary
lūngi wraparound cloth from waist down
lūT liyā robbed

m

macchhar mosquito
macchhardānī mosquito net
macchhar mārne ki davā mosquito repellent
machhī, machhlī fish
machhlī vālā fishmonger's
madad help
madad gār helpful
madad karnā to help
madāri roadside performer; magician
madhyāntar (H) interval
maflar scarf (for neck)
magar macchh crocodile
magrib (U) west
  magrib me in the west
magribī (U) western
mahafil party
mahak scent, fragrance
mahakmā department
mahal palace
mahangā expensive
mahbūbā girlfriend
mahilā (H) lady
mahilā shawchālay (H) ladies' toilets, ladies' room
mahīnā month
mahsūs karnā to feel
makān building; house
makān ke andar indoors
makkhi fly

makkhi chūs miser
makRī spider
maKbarā tomb
mandir temple
mangalvār Tuesday
mangetar fiancé; fiancée
man-māne dām rip-off prices
mantra charm
manzil floor, storey
marammat karnā to mend,
 to repair
marā huā dead
mardānā (pākhānā) (U) gents'
 toilet, men's room
mardāne kapRe menswear
marham ointment, cream
marham-paTTī dressing (for cut)
marī huī dead
marnā to die
martbān jar
mashhūr famous
mashīn machine
mashrik (U) east
 mashrik me in the east
mashriKī (U) eastern
masjid mosque
maslā problem
masta carefree; happy
mastak head
mastī happiness; intoxication
masūRā gum (in mouth)
mat no
 mat! don't!
matā (H) mother
matbab meaning
matlab hōnā to mean
matlī nausea
mawsam weather
mawsamī bukhār hayfever

mawt death
mayī May
mazāk joke
mazāKiyā funny, amusing
mazā lenā to enjoy oneself
mazbūt strong
mazedār delicious; enjoyable;
 exciting
mazhab (U) religion
mā mum
mābāp parents
māchis matches
māchis kā Dibbā matchbox
māfī apology
māf kījiye sorry; excuse me
māf kījiye, galat nambar sorry,
 wrong number
māgnā to borrow; to ask for
māhvārī period, menstruation
mākūl (U) appropriate,
 suitable
māl goods
mālik/mālkin owner (man/
 woman)
mālis massage
mālūm: mujhe mālūm nahī
 I don't know
 āpkō pakkā mālūm hA? are
 you sure?
māmā uncle (mother's brother)
māmūlī ordinary, average
mānnā to agree
 mA māntā/māntī hū I agree
 (said by man/woman)
māp size
mārg road
mārnā to kill; to hit
māsik dharm (H) period,
 menstruation

māsī aunt (maternal)
māsTar/masTarānī jī teacher
 (man/woman)
māsūm simple
māthā forehead
māyūs disappointed;
 despondent
mA I
 mA hū I am
mAch match (football etc)
mAdān park; open field;
 ground
mAl dirt
mAlā filthy (room etc); polluted
mAnezarānī manageress
me in; into; at; among
meharbān kind, generous
meharbānī karke please,
 kindly
mehmān guest
mehmāndārī hospitality
mek make (brand name)
mel connection; fast train
melā carnival, fair
merā/mere/merī my; mine
merā apnā ... my own ...
merī duā! good luck!
mez table
mez kursī vagArā furniture
mezpōsh tablecloth
miāh form of address used
 when speaking to a Muslim
 (literally: Muslim gentleman)
milānā to introduce
milānevālī flāit connecting
 flight
milnā to meet; to find
milne jānā to visit (person)
milne kī jagah meeting place

minaT minute
 ek minaT me in a minute
 ek minaT rukō! just a minute!
mirch masāle vālā spicy
misāl example
 misāl ke tawr par for example
misTrī mechanic
mīThāī sweet, pudding;
 sweets, candies
miTTī ke bartan pottery
mīl mile
mīThā sweet (taste)
mōchī shoe repairer's
mōmbattī candle
mōr peacock
mōR bend, turning (in road)
mōtī pearl
mōTar car
mōTā thick; fat
mōTī aKl kā thick, stupid
mōzā stockings; socks
mubārakbād best wishes
 mubārakbād!
 congratulations!
muddat period (of time)
muft free (no charge)
muft savārī karnā to hitch-
 hike
muh mouth
muhallā suburb
muhtarmā (U) Mrs; Miss
mujhe me
 mujhe bhī me too
mukāmī (U) local
mukhy (H) main
muKhtalif (U) different
mulāKāt appointment;
 meeting
mulāyam soft

mulk country, nation; state

mumbaī Bombay

mumkin possible

munhasir hA (U) it depends

... munhasir kartā hA (U) it
depends on ...

murdā dead

musalmān Muslim

musāfir passenger

mushkil hard, difficult

mushkilāt difficulty

musībat disaster

muskarānā to smile

mustakbil (U) future

mūchh moustache

mūrkh stupid

mūrti (H) statue

n

na ... na ... neither ... nor ...

nadī river

nafrat karnā to hate

nahar canal

nahāne kā tawliyā bath towel

nahāne kā Tab bathtub

nahī no; not; didn't

nahī! don't!

mA bhī nahī nor do I

naklī fake, imitation

naklī dāt dentures

nakshā map

naKdī cash

naKdī kā kāunTar cash desk

naKdī kī mashīn cash
dispenser, ATM

naKdī me badalnā to cash

nalsāz plumber

namaste (H) hello; goodbye

nambar number

namī dene vālā moisturizer

namī vālā humid

nashe me chūr drunk

nashīlī davā drugs (narcotics)

naT nut (for bolt)

navambar November

navāb king

navāsī eighty-nine

navve ninety

naw nine

nawjavān teenager

nawkā yacht

nawkrānī maid

nayā new

nayā sāl New Year

nayā sāl mubāraK! Happy
New Year!

naye Dhang kā up-to-date

naye fAshan kā trendy

naye sāl se pahle kī rāt New
Year's Eve

nazar rakhnā to keep an eye
on

nazārā view; scenery; sights

nazdīk near

nāch dance

nāchnā to dance

nāg (H) cobra

nā-gavār shocking

nāi (kī dukān) barber's

nāk nose

nākābandi roadblock

nākhūn fingernail

nākhūn kī pālish nail varnish

nākhūn sāf karne kā burush
nailbrush

nāli drain; pipe

nām name
āpkā nām kyā hA? what's
your name?
nāmumkin impossible
nāmunāsib not suitable
nāpne kā fītā tape measure
nārangī orange (colour)
nārāz angry
nārve Norway
nārvejian Norwegian
nāsamajh silly
nāshtā breakfast
nāsūr ulcer
nāTak play (in theatre)
nāv (H) boat
nApāl Nepal
nApālī Nepali
nApī nappy, diaper
netā politician; leader
nichlī manzil ground floor,
(US) first floor
nijī private
nijī gusalKhānā private
bathroom
nijī sTiriō personal stereo
nikar pants, panties
nikās (H) exit
nīlām auction
nimantran (H) invitation
nimantran denā (H) to invite
ninyānave ninety-nine
nirāsh (H) disappointed
nirāshājanak disappointing
nirbhar: ye nirbhar hA (H) it
depends
... par nirbhar kartā hA (H) it
depends on ...
nirdesh karnā to point out
nirdesh pushtikā handbook

nirdōsh (H) innocent
nirnay (H) decision
nirōdh condom
nishān kā taKhtā signpost
nīchā low
nīche under, below; down
nīche jānā to go down (the
stairs etc)
nīche kī ōr downstairs;
downwards
nīlam sapphire
nīlā blue
nōT banknote, (US) bill
nōTbuk notebook
nōval novel
nritya (H) dance
nuKsān loss
nuKs vālā faulty
numāish exhibition
nusKhā prescription

ō

ōTh lips

p

pachānve ninety-five
pachās fifty
pachāsī eighty-five
pachchīs twenty-five
pachpan fifty-five
paglā mad; idiot
pagRī turban
pahan kar dekhnā to try on
pahāR mountain
pahāRī hill; hillman

pahāR kī chaRhāī karnā mountaineering

pahchānnā to recognize

pahiyā wheel

pahiyōvālī kursī wheelchair

pahlā first

pahle before; ago; at first

ek ghanTe pahle an hour ago

ek hafte pahle a week ago

pahle āp after you

pahle darje first class (travel etc)

pahle se hī already

pahlī bār first time

pahlī manzil first floor, (US) second floor

pahuch arrival

pahuchnā to arrive, to get in

pakaRnā to hold; to catch

pakā ripe (fruit)

pakānā to cook

pakkā karnā to confirm; to fix, to arrange

palastar plaster, Bandaid®

pandit priest; brahmin; wise man

pandrā fifteen

pankti (H) queue

pannā piece of paper; leaflet; page; emerald

pansārī grocer's

par on; at

parchhāi shadow

parde curtains

pardesh abroad

pardeshī foreign; foreigner

pareshān worried

pareshānī bharā annoying

pareshān karnā to disturb

parichay karānā (H) to introduce

parichārikā (H) stewardess

parivār family

parīkshā (H) exam

parsō the day after tomorrow; the day before yesterday

parvatārōhan (H) mountaineering

paRāv stopover

paRhnā to read

paryaTan kāryālaya (H) tourist information office

pasand: mujhe ye (bahut) pasand hA I like it (a lot)

pasand karnā to like

pashchim (H) west

pashchim me in the west

pashchimī (H) western

paslī rib

patā address

patā karnā to find out

pate kī kitāb address book

path way; road

pati (H) husband

patīlā pan

patjhaR (H) autumn, (US) fall

patlā thin

patlūn trousers, (US) pants

patr (H) letter

patrakār journalist

patrikā (H) magazine

pattā leaf

patthar stone; rock

paTrī pavement, sidewalk; track

paTTā strap

paTTī bandage

pawdhā plant
pawnD pAsā pound (money)
pawnD vazan pound (weight)
pawp gānā gānevālā/gānevālī
  pop singer (man/woman)
pawp sangīt pop music
pāch five
pāgal idiot; mad, crazy
pāKhānā (U) toilet, rest room
pāl sail
pālā frost
pālish polish
pānā to find
pānī water
pānī kā jahāz boat
pānī ke jahāz kī sAr cruise
pās near; beside
  kyā āpke pās ... hA? do you
  have any ...?
pās me nearby
pāTh (H) lesson
pāyjāmā pyjamas
pAdal on foot
pAdal chalne kā dāyrā
  pedestrian precinct
pAdal ghumnā phirnā
  trekking
pAdal pār karne kā rāstā
  pedestrian crossing
pAdal safar trek
pAdā huā born
pAgām (U) message
pAr foot (of person)
pAr kā angūThā toe
pAsaTh sixty-five
pAsā money
pAse denā to pay
pAse kī vāpsī refund
pAse lagnā to charge; to cost

pAsevālā rich
pAtālīs forty-five
pAtīs thirty-five
pechish diarrhoea; dysentery
penshan pāne vālā/vālī
  pensioner (man/woman)
peR tree
peshā profession
peshāb ghar urinals
peshgī in advance
peT stomach
peT dard stomach ache
peTī belt
peT me gaRbaRī upset
  stomach
peTröl petrol, (US) gas
peTröl kā kanasTar petrol/gas
  can
peTröl sTashan petrol station,
  gas station
pey (H) drink
phal fruit
phaniyar sāp cobra
phasā stuck
phaTā nal burst pipe
phāTak gate
phAlne vālā infectious
phAlne vālī bīmārī infection
phek denā to throw away
pheknā to throw
phephRe lungs
phir again
phir kahiye? pardon (me)?
phir kahnā to repeat
phir milege see you later
phön karnā to call, to phone
phön kā AksTAnshan
  telephone extension
phön kā karD cardphone

phōn kī lāin phone line
phuTkar small change
phūl flower
phūldān vase
phūl vālā florist's
pichhattar seventy-five
pichhlā last; previous
pichhlā hissā back (part)
pichhle hafte last week
 pichhle hafte se since last
 week
pichhlī bār last time
pissū flea
pitā (H) father
piTThā rucksack
pīchhe behind
pīchhe ānā to follow
pīlā yellow; pale
pīnā to drink
pīne kā pānī drinking water
pīr (U) Monday
pītal brass
pīTh back (of body)
pīTh dard backache
plāsTik kā thAlā plastic bag
pletfāram platform, (US) track
pōshāk dress; costume
pōsTar poster
pōsTkarD postcard
pōtā grandson
pōtī granddaughter
prabhāv shālī (H) impressive
prabhu God
pradarshanī (H) exhibition
pradhān (H) head, chief
 person
pradhān mantrī (H) prime
 minister
prasann (H) glad

prasādhan grih (H) toilet,
 restroom
prashn (H) question
prasthān (H) departure
prathā (H) custom
prati din (kā) (H) daily
pratishat percent
pravesh (H) entrance
pravesh shulk (H) admission
 charge
prākritik (H) natural
prāthmiktā (H) priority
prem (H) love
prishTh (H) page
pul bridge
pulis police
pulis kā sipāhī policeman
pulis kī mahilā sipāhī (H)
 policewoman
pur-aman (U) peaceful
purānā second-hand; old
purāne Dharre kā old-
 fashioned
purāne tawr tarīke kā
 traditional
purāne zamāne kī chīze
 antique
purōhit (H) priest
purush (H) man; gents' toilet,
 men's room
purush shawchālay (H) gents'
 toilet, men's room
pustakālay (H) library
pustikā (H) brochure
pūchhnā to ask
pūchh tāchh kī DāyrecTarī
 directory enquiries
pūnam night of full moon
pūrab (H) east

pū

139

pūrab me in the east
pūrabī (H) eastern
pūrā full
pūrī tarah se completely
pūrnimā night of full moon
pyālā cup; mug; dish, bowl
pyār love
pyār karnā to love
pyās: mujhe pyās lagī hA I'm
  thirsty

r
■

rabaR rubber
radd karnā to cancel
raftār speed
rahā: kyā hō rahā hA? what's
  happening?, what's going
  on?
rahnā to live
  āp kahā rahte/rahtī hA?
  where do you live? (to a man/
  woman)
rajisTrī Dāk se by registered
  mail
rakhnā to put; to keep
  āp ise rakh lījiye please keep
  it
rakhvālā/rakhvālī caretaker
  (man/woman)
raKam amount (money)
rang colour
rangīn film colour film
rasīd receipt
rasōī kitchen
rasōī kā tawliyā tea towel
rassā rope
rassī string

ravāngī departure
ravāngī kā ārām ghar
  departure lounge
ravivār Sunday
razāi duvet
rāh dekhnā to expect
rājā king
rāj marg main road
rākhdānī ashtray
rāk sangīt rock music
rāshī (H) amount
rāshtrīy (H) national
rāshTrapati (H) president (of
  country)
rāshTrīyatā (H) nationality
rāstā path; route; gate (at
  airport)
rāt night
  ek rāt kā per night
  rāt kō at night
rāt bhar kā safar overnight
rāt kā darbān night porter
rāt kī pōshāk nightdress
rāt kī rihāish awr nāshtā bed
  and breakfast
rekhā (H) line
rekhā chitr (H) drawing
relgāRī train
  relgāRī se by train
rel kā āKhirī sTeshan rail
  terminus
rel me sōne kā Dibbā sleeping
  car
relve railway
resham silk
restōrā restaurant
restōrā kā Dibbā restaurant
  car
ret sand

rezgārī small change

risālā (U) magazine; brochure

rishtedār relative

rishvat bribe

ritu season

rīTāyar: mA rīTāyar hōgayā/
hōgayī I'm retired (said by
man/woman)

rivars chārj kawl collect call

rizarv karnā to reserve

rōbdār impressive

rōgan paint

rōknā to stop

rōnā to cry

rōshnī light

rōzānā daily (adverb)
  rōzānā kā daily

ruī cotton wool, absorbent
  cotton

ruknā to stop

rumāl handkerchief; napkin

rūbī ruby

rūm sarvis room service

rūs Russia

rūsī Russian

rūThnā to be angry; to be
  displeased

S

sab all; all of them

sabaK lesson

sab khāne full board

sab se acchhā best

sabse baRā main

sabse Kharāb worst

sabse ūpar at the top

sabse ūpar kī manzil top floor

sabzī vālā greengrocer's

sabziyā vegetables

sach true
  sach! sure!

sachmuch! really?

sadar (U) president

safar journey

safar salāmat rahe! (U) have a
  good trip!

safed white

sahelī female friend

sahī valid; accurate

sahī salāmat safe

saktā: mA nahī ... saktā/saktī I
  can't ... (said by man/woman); I
  couldn't ... (said by man/woman)
  kyā mA ... le saktā/saktī hū?
  can I have ...? (said by man/
  woman)

sakte: kyā āp ... sakte/saktī
  hA? can you ...? (to man/
  woman);

saKht hard

salām (U) hello

salīKedār (U) polite

samandar sea
  samandar kā kinārā coast;
  beach
  samandar ke kināre by the
  sea
  samandar ke kināre par on
  the beach
  samandar pār karnā crossing
  (by sea)

samasyā (H) problem

samay (H) time

samāchār (H) news

sambhav (H) possible

samjhā: mA (nahī) samjhā/

samjhī I (don't) understand (said by man/woman)
āp samjhe? do you understand?
sammelan (H) conference
sampark karnā to contact
samudra taT (H) coast; beach
sandesā (H) message
sandūk box
sanDās toilet, rest room
sangam where two rivers merge
sangīn (U) serious
sangīt music
sangīt kār (H) musician
sangīt sammelan concert
sankhyā (H) number
sapnā dream
sardi-jhukām flu
sardiyõ winter
  sardiyõ me in (the) winter
sarhad border (of country)
sarkār government
sarkārī chhuTTī public holiday
sarvis chārj service charge
sarvis kī jagah service station
saRak road, street
saRak par on the street
saRak par durghaTnā (H) road accident
saRkõ kā nakshā road map; streetmap; network map (for buses etc)
saRsaTh sixty-seven
sastā cheap, inexpensive
sastī klās economy class
sasur father-in-law
sasurāl vāle in-laws
satāsī eighty-seven

sathattar seventy-seven
satrā seventeen
sattar seventy
sattā-īs twenty-seven
sattānve ninety-seven
sattāvan fifty-seven
savāl question
saw hundred
sawpanā to hand over
sābun soap
sādā mild; plain; informal
sādhāran (H) general; normal; ordinary
sādhu holy man
sāf clean; clear
sāfā scarf (for head)
sāhab! sir!
sāikil bike, bicycle
sāikil chalānā cycling
sāikil kī dukān cycle shop
sāikil pamp bicycle pump
sāikil rikshā cycle rickshaw
sāikil vālā/vālī cyclist (man/woman)
sāl year
sālā brother-in-law
sāl girah birthday
sāl girah mubāraK! happy birthday!
sālī sister-in-law (wife's sister)
sāmān luggage, baggage; equipment
sāmān bādhnā to pack
sāmān khõlnā to unpack
sāmān kī māg baggage claim
sāmān le jāne vālī Trālī luggage trolley
sāmne in front; opposite
bilkul sāmne at the front

sāmne kā opposite, facing
sāmne kī taraf the opposite
direction; in front
sānt saint
sāp snake
sārā kā sārā the whole lot
sāre whole
sāRi sari
sās mother-in-law
sās lenā to breathe
sās sasur parents-in-law
sāt seven
sāthī companion; friend
sāth kī chhōTī galī side street
sāth lenā to share; to
accompany
sāth me lage dō bistar twin
beds
sāTh sixty
sāvdhān (H) careful
sāvdhān! be careful!
sāvlā rang tan
sāyā (U) sunshade
sAlāb (U) flood
sAlānī tourist
sAr sightseeing tour; trip
sAr-sapāTā picnic
sAR karnā to travel
sAtālīs forty-seven
sAtīs thirty-seven
se by; from; than
... se hō kar jānā to go
through ...
sefTī pin safety pin
sehat bakhsh (U) healthy
se kam under (less than)
sekanD second (of time)
sekanD klās second class
(travel etc)

shabd (H) word
shabdkōsh (H) dictionary
shahar town; city
shahar me in town
shahar kā bīch city centre,
town centre
shakkī suspicious
shaKhs (U) person
shanivār awr itvār weekend
shani awr itvār kō at the
weekend
shanīchar Saturday
sharāb drink; alcohol
sharāb-Khānā bar
sharif honest; honourable
sharīr (H) body
sharmīlā shy
shaTar shutter (on camera)
shatranj chess
shaukīn fan (sports)
shawchālay (H) toilet, rest
room
shawk hobby
shābāsh! well done!
shādī wedding
shādī kī angūThī wedding
ring
shādī kī sālgirah wedding
anniversary
shādī se pahle kā nām maiden
name
shādīshudā married
āp shādīshudā hA? are you
married?
mA shādīshudā hū I'm
married
shāgird disciple
shākāhārī vegetarian
shām evening

shām kō in the evening
shāmil include
shām kā khānā supper, dinner, evening meal
shāndār posh
shānt (H) peaceful; silence
shārīrik bodily
shāvar shower (in bathroom)
shāvar ke sāth with shower
shāvar krīm shower gel
shāyad probably; I might; perhaps, maybe
shāyad hī hardly
shāyad hī kabhī hardly ever
shāyad nahī I might not; perhaps not, maybe not
shāyikā (H) couchette
shAmpū shampoo
shikār hunt
shikārā Kashmiri canoe
shikāyat complaint
shikāyat karnā to complain
shōr noise
shrī (H) Mr
shrīmatī (H) Mrs
shubh janmdin! (H) happy birthday!
shubh kāmnāye (H) best wishes
shukriyā thanks, thank you
shukrvār (H) Friday
shulk fee
shumāl (U) north
 shumāl me in the north
 shumāl kī taraf to the north
shumālī (U) northern
shumālī āyarlAnD (U) Northern Ireland
shumāl magribī (U) northwest

shumāl mashrīKī (U) northeast
shuruāt start, beginning
 shuru me at the beginning
shuru hōnā/shuru karnā to start, to begin
shuru kā nām first name
shūny (H) zero
sifar zero
sifārat Khānā (U) consulate; embassy
sifārish recommendation
sigreT cigarette
āp sigreT pīte hA? do you smoke?
sikā huā grilled
sikh Sikh
sikhāhā to teach
sikkā coin
sikke badalne kā daftar bureau de change
sikke badalne kī dar exchange rate
sikke lene vālā phōn payphone
sinemā cinema, movie theater
singal: ... ke liye singal a single to ...
singal bistar single bed
singal kamrā single room
singal Tikat single ticket, one-way ticket
sir head
sir dard headache
sirf (U) only, just
 sirf ek only one
sitambar September
sīdhā direct
sīkhnā to learn

sīkhne vālā/vālī learner, beginner (man/woman)

sīlā humid

sīmā (H) border

sīnā to sew

sīRhiyā̃ stairs

  sīRhī par on the steps

sīT seat

sīT par lagī peTī seat belt

skarT skirt

skāTlAnD Scotland

skāTlAnD kā Scottish

skin Dāiving skin-diving

skūl school

skūTar scooter

slīpar sleeper, sleeping car

slīping bAg sleeping bag

smārak (H) monument

snān (H) bath

sōchnā to think

sōfā sofa, couch

sō jānā to go to bed

sōlā sixteen

sōlā āne sach absolute truth

sōmvār (H) Monday

sōnā gold; to sleep

sōne kā kamrā bedroom

spashT (H) clear, obvious

spen Spain

spenī Spanish

spin-Drāyar spin-dryer

spōk spoke (in wheel)

sthānīy (H) local

strī (H) woman

sTārTar starter (of car)

sTeshan station; train station

subah morning

  subah kō in the morning

  subah sāt baje at seven am

suhāgrāt honeymoon

suhāvnā pleasant; mild (weather)

suī needle

sukhāna-savārnā to blow-dry

sundar lovely, beautiful

suniye! excuse me!

sunnā to listen; to hear

supar mārkeT supermarket

supārī betel nut

surāhī jug

sust lazy

suvidhā janak (H) convenient

sūchnā (H) information

sūjan swelling, inflammation

sūjā huā swollen

sūkhā dry

sūraj sun

sūraj Dūbne kā vaKt sunset

sūryāsT (H) sunset

sūt cotton

sūT suit

svasTh (H) healthy (person)

svatantra (H) free

svād (H) flavour, taste

svādishT (H) delicious

svāgat (H) reception (for guests)

svāsThyaprad (H) healthy (food, climate)

svīkār karnā to accept

syfar zero

t

tab then (at that time)

tajrabā kār experienced

tak by; up to, until

takiyā pillow

takiye kā gilāf pillow case
taKhtā bunk
taKlīfdeh annoying
taKrīban (U) nearly; roughly
talāKshudā divorced
talāsh karnā to look for
talī sole (of shoe, of foot)
tambākū tobacco
tambū tent
tandurast (U) healthy
tang tight (clothes etc); narrow (street)
taraf side; direction
   is taraf over here
tarjīh (U) priority
tarzumā (U) translation
tarzumā karnā (U) to translate
tarzumān (U) translator
tashtarī plate; saucer
tasme shoelaces
tasvīr painting, picture; portrait
tasvīr khānā (U) art gallery
tatAyā wasp
tawliyā towel
tay karnā to decide
tayyār ready
   āp tayyār hA? are you ready?
tādād amount
tāgā horse-drawn carriage
tājjub kā incredible, amazing
tāk shelf
tālā lock
tālā khōlnā to unlock
tālevālī almārī locker (for luggage etc)
tālī clapping
tār telegram
tārā star

tār par chalne vālī gāRī cable car
tāsh playing cards
tāyā uncle (father's older brother)
tāzā fresh
tArnā to swim
tArne kā jāghiyā (swimming) trunks
tArne kā tālāb (swimming) pool
tArne kī pōskāk swimming costume
tAtālīs forty-three
teis twenty-three
tel oil
terā thirteen
tetīs thirty-three
tez intelligent; sharp; hot; fast; bright
tez bukhār high fever
tez havā strong wind
thakā tired
thakā huā exhausted
thānedār sāhab officer (said to policeman)
tharmas bōtal Thermos® flask
tharmāmīTar thermometer
thā was
   ye thā it was
thāilAnD Thailand
thāilAnD kā Thai
thālī plate (metal)
thānā police station
the were
   āp the you were
   ham the we were
thī was
   ye thī it was

thōRā little; short (time, journey); a few, some
 thōRā baRā a big bit
 thōRā sā ... a bit of ...
 thōRe din a few days
 thōRe vaKt ke liye denā to lend
tihattar seventy-three
tilchaTTā cockroach
tirānve ninety-three
tirāsī eighty-three
tīn three
tīs thirty
tōd belly
tōhfā present, gift
tōhfe ke chīzō kī dukān gift shop
trepan fifty-three
tresaTh sixty-three
tukRā splinter
tum you
 tum hō you are
tumhārā your; yours
turant (H) immediately
tūfān storm
tūth pest toothpaste
tyōhār festival

T

Takhnā ankle
Takkar crash, (road) accident
Takrā jānā to knock over
Tarm term (at university, school)
TaTTi toilet (slang, used in remote areas, not polite)
TaTTū pony
Tāg leg

Tāim Tebal timetable, (US) schedule
Tāī tie, necktie
TāiTs tights, pantyhose
Tāpū island
Tāyar tyre
Tāyar kī Tyūb inner tube
TāyleT pepar toilet paper
TAksī aDDā taxi rank
TAksī Drāivar taxi-driver
TAlkam pāuDar talcum powder
TAmpān tampons
TAnis tennis
TAnis kā ballā tennis racket
TAnis kā ged tennis ball
TAnis kā mAdān tennis court
Tebal TAnis table tennis
Tek crutches
Teliphōn būTh phone box
Teliphōn karnā to phone
Telivizan television
Telīphōn (tele)phone
Telīphōn kārD phonecard
Telīphōn kī kitāb phone book
Temprechar temperature
Tep tape
Tep RikārDar tape recorder
Thaharnā to stay
Thaharne kī jagah guesthouse; accommodation
ThanDā cool; cold; soft drink
Tharre vālā fizzy
ThAlā bag
ThiyeTar theatre
Thīk OK, all right; right, correct
 āp Thīk hA? are you OK?
 Thīk! right!

Thīk nahī not well

Thīk tarah se properly (repaired, locked etc)

Thīk-Thāk nahī out of order; unwell

ThōDī chin

Thōknā to knock

TikaT stamp; ticket

TikaT ghar ticket office; box office

Tin tin, can

Tin khōlne kī chābī tin-opener, can-opener

Tīkā vaccination

Tīlā hill

Tīm team

Tī sharT T-shirt

Tōkrī basket

Tōlī party, group

Tōp hat

Tōpī cap, hat

TōTī tap, faucet

Trālī trolley

Trām tram

TrAfik traffic

TrAfik kī rukāvat traffic jam

TrAfik lāiT traffic lights

TrAk sūT tracksuit

TrAval ejAnT travel agent's

TrAvlar chAk traveller's cheque

Tre tray

TukRā piece

Tūr chalāne vālā tour operator

TūrisT jānkārī kā daftar tourist information office

Tūr ka gāiD tour guide

TūTī broken (leg etc)

TūTī huī broken

TūTī-phūTī damaged

TūT jānā to break

u

ubālnā to boil

ublā pānī boiled water

udāharan (H) example

udās sad

udhar over there

  udhar hA it's that way

udhār denā to lend (money)

udhār lenā to borrow (money)

ullū owl; stupid

ullū kā paThhā idiot

ultā pultā upside down

ultī ānā to vomit

umar age

  āpkī umar kyā hA? how old are you?

ummīd hope

ummīd hA hopefully

ummīd karnā to expect, to hope

un those

unanchās forty-nine

unattīs twenty-nine

unāsī seventy-nine

unglī finger

unhattar sixty-nine

unkā their (further away); theirs (further away)

unkō unhe them (further away)

unnīs nineteen

unsaTh fifty-nine

untālīs thirty-nine

upanyās (H) novel

up-dūtāvās (H) consulate

uRān flight
uRān kā nambar flight number
uRān ke vakt hāzir standby (flight)
us that
use him; her; to him; to her (further away)
ushā kāl (H) dawn
uskā his; her; hers (further away)
uske bād then, after that
uske liye for her; for him
uske sāTh with her; with him
uskī his; hers (further away)
uskō him; her; to him; to her (further away)
us taraf over there
ustarā razor
ustare kā bleD razor blades
utarnā to get off
uthlā shallow (water)
uttar (H) north
uttarī āyarlAnD (H) Northern Ireland
uttarīy (H) northern
uttar kī taraf to the north
uttar me in the north
uttar pashchim (H) northwest
uttar pūrvī (H) northeast
uThnā to get up (in the morning)
ūbāne vālā boring
ūbgayā bored
ūchā high; tall (building); loud
ūchāi height (mountain)
ūche kism kā upmarket
ūchī chaTTān cliff
ūn wool
ūpar up; above; up there

... ke ūpar on top of ...
ūpar jānā to go up (the stairs etc)
ūpar kī manzil me upstairs

V

vagArā et cetera
vah great, terrific
vahā there; over there
 vahā ūpar up there
 vahī right there
vahī the same
vakīl lawyer
vaKt time
 is vaKt this time
 kyā vaKt hA? what time is it?
varnā otherwise
vasant (H) spring (season)
vayask (H) adult
vazan weight
vazīre-āzam (U) prime minister
vādy manDalī (H) orchestra
vāKaī really
vālā: ye vālā this one
vālid (U) father
vālidā (U) mother
vāpas ānā to get back (return); to come back
vāpas denā to give back
vāpas jānā to go back (return)
vāpas phōn karnā to ring back
vāpsī: ... ke liye ek vāpsī a return to ...
vāpsī TikaT return ticket, round trip ticket

vārD ward (in hospital)
vāshar washer (for bolt etc)
vāskaT waistcoat
vātar skī waterski
vātānukūlit (H) air-conditioned
vātāyan small window
vāTarprūf waterproof
vAkum klīnar vacuum cleaner
vAn van
vAsā hī the same as this
ve they (further away); those
  ve hA they are
  ve the they were
vels Wales
velsh Welsh
vest inDīz kā West Indian
vibhāg (H) department
vichār (H) idea
videsh abroad
vilāyatī kājal eyeliner
vinamr (H) polite
vinD sarfing windsurfing
vinD skrīn windscreen
vinD skrīn vāipar windscreen
  wiper
viruddhh (H) against
vishvās karnā (H) to believe
vivran (H) description
vīzā visa
vō he; she; it; they (far); that
  vō thā he was
  vō thī she was
  vō vālā that one
vōltej voltage
vyakti (H) person
vyast (H) busy
vyākaran (H) grammar
vyāpār (H) business
vyāyām shālā (H) gym

y

yadyapi (H) although
yahā here
  sunil ke yahā at Sunil's
  yahā par down here
  kyā vō yahā hA? is he in?, is
  he here?
yahūdī Jewish
yakīn karnā to believe
yā or
  ... yā ... (either) ... or ...
yād: āpkō yād hA? do you
  remember?
  mujhe yād nahī I don't
  remember
  muhje yād hA I remember
yādgār monument
yādgār nishānī souvenir
yātāyāt (H) traffic
yātrā (H) journey
yātrā sukhad rahe! have a
  good trip!
yātrī (H) passenger
ye he; she; it; they (nearby);
  this; these
  ye thā/ye thī it was
yōg yoga
yū As e USA
yūnān Greece
yūnānī Greek
yūnivarsiTī university
yūrōp Europe
yūrōpian European

zabān (U) language

zamānat deposit (as security)

zamīn ground; land

zamīn ke andar kī rel
underground (railway), (US)
subway

zamīn par on the ground

zanānā women's

zanānā Dibbā ladies'
compartment

zanānā gusal Khānā ladies'
toilets, ladies' room

zarā mahangā a bit expensive

zarā thōRā a little bit

zarūr certainly, definitely

zarūrī important, urgent;
vital; necessary, essential

zāhir (U) clear, obvious

zāyaz reasonable (prices etc)

zāykā (U) taste, flavour

zikr karnā to mention

zilā district

zindagī life

zindā alive

zip zip, zipper

zīn saddle (for horse)

zōrdār strong

zukām cold

zummā (U) Friday

zyādā more; most, most
of all

  zyāda vakt most of the time

  zyādā nahī not much, not a
  lot

  itnā zyādā nahī not so much

zyādātar mostly

Hindi

→

English
Signs and Notices

Contents

General Signs.. 155
Airport, Planes 155
Banks, Money 157
Bus Travel 157
Days.. 157
Health 158
Hiring, Renting... 158
Hotels 159
Lifts, Elevators.. 160
Medicines... 160
Months... 161
Notices on Doors 161
Numbers... 162
Place Names 164
Post Office.. 165
Public Buildings 166
Public Holidays 166
Rail Travel 167
Restaurants, Bars 167
Road Signs 168
Sport, Trekking... 169

General Signs

आर्ट गैलरी	ārT gAlarī	art gallery
बस स्टैंड	bas sTAnd	bus stop
बाल उद्यान	bāl udyān	children's playground
सिनेमा हाल	sinemā hāl	cinema, movie theater
विदेशी दूतावास	videshī dūtāvās	embassy
फायर स्टेशन	fire sTeshan	fire station
बाग	bāg	garden
राजकीय पर्यटक कार्यालय	rājkīya paryaTan kāryālay	government tourist office
संग्रहालय	sangrahālay	museum
पुलिस स्टेशन	pulis sTeshan	police station
सुरक्षित इमारत	samrakshit imārat	protected monuments
राज्य हस्तकला एम्पोरियम	rājy hast-kalā empōriyam	state handicraft emporium
राज्य पर्यटक कार्यालय	rājy paryaTak kāryālay	state tourism office
टेलीफोन एक्सचेंज	Teliphōn exchange	telephone exchange
रंगमंच	rangmanch	theatre
यात्रा एवं पर्यटन संचालक	yātrā evam paryaTan sanchālak	travel and tour operator

Airport, Planes

देशीय विमानपत्तन	deshīya vimānpattan	domestic airport
अन्तर्राष्ट्रीय विमानपत्तन	antarrāshTrīya Vimānpattan	international airport
देशीय टर्मिनल	deshīya Tarminal	domestic terminal
अन्तर्राष्ट्रीय टर्मिनल	antarrāshTrīya tarminal	international terminal
उड़ान सूचना प्रदर्शन पट्ट	uRān sūchanā pradarshan paTTa	flight information
उड़ान सूचना	uRān sūchanā	flight information
आगमन	āgaman	arrival
प्रस्थान	prasthān	departure
चैक इन काउन्टर	check-in kāunTar	check-in desk
आरक्षण खिड़की	ārakshan khiRākī	reservations counter
पूछताछ	pūchhtāchh	enquiries

155

Hindi	Transliteration	English
सुरक्षा जाकृच खिड़की / काऊकृटर	surakshā jāch khiRkī/ kāunTar	security check
प्रवेश	pravesh	way in, entrance
निर्गम	nirgam	way out, exit
एयरपोर्ट मैनेजर	airport manager	airport manager
शिशु लॉबी	shishū lawbī	baby area
सामान की ट्रॉली	sāmān kī trawlī	baggage trolley, baggage cart
बैंकृक काऊकृटर	bAnk kāunTar	bank, exchange
किराये पर कार सेवा	kirāye par kār sevā	car rental service
दवाई की दुकान	davāī kī dukān	drugstore and shopping plaza
कैमिस्ट तथा दुकानेकृ	kemist tathā dukāne	drugstore and shopping plaza
निशुल्क दुकानेकृ	nishulk dukāne	duty free shop
प्राथमिक चिकित्सा	prāthmik chikitsa	first aid
होटल आरक्षण खिड़की	hōTal ārakshan khiRkī	hotel reservations desk
इमीग्रेशन	immigration	immigration
आवश्यक सूचना	āvashyak sūchanā	important notice
फोटो खींचना वर्जित है	phōtō khīchanā varjit hA	photography prohibited
डाक सेवायेकृ	dāk sevāe	postal services
पूर्वदत्त टैक्सी सेवा	pūrvadatta tAksī sevā	prepaid taxi service
सार्वजनिक टेलीफोन (एस टी डी / आइ एस डी)	sārvajanik Teliphōn (STD/ISD)	public telephone (STD/ISD)
भोजनालय	bhōjanālaya	restaurant
विश्राम कक्ष	vishrām kaksh	resting rooms
सीमित / प्रतिबद्ध क्षेत्र	sīmit/pratibaddh kshetra	restricted area
कृपया अपना टिकट एवकृ पासपोर्ट दिखायेकृ	kripayā apnā TikaT evam pāspōrT and passport dikhāye	show your ticket
पारगमन यात्रीयोकृ के लिये शयनशाला स्थल	pārgaman yātriyō ke liye shayanshālā sthal	sleeping accommodation for passengers in transit

156

अल्पाहार स्थल	alpāhār sthal	snack bar
केवल विमान परिचालकोंक के लिये	keval vimān chālakō ke liye	crew only
आपातकालीन निर्गम	āpātkālīn nirgam	emergency exit
ख़तरा	Khatrā	danger

Banks, Money

बैंक ड्राफ्ट / हुण्डी	bAnk draft/hunDī	bank drafts
नकदी भुगतान	nakdī bhugatān	cash payment
नकदी पावती	nakdī pāvati	cash receipt
कैडिट कार्डस	kreDit kārDz	credit card
विदेशी मुद्रा काऊंटर	videshī mudrā kāunTar	foreign exchange counter
आज की विदेशी मुद्रा दरेंक	āj kī videshī mudrā dare	exchange rate
मैनेजर	mAnejar	manager
प्रबन्धक	prabandhak	manager
मुख्य प्रबन्धक	mukhya prabandhak	senior manager
ट्रैवलंस चैकोंक का भुगतान	TrAvalarz chAkō kā bhugatān	traveller's cheques cashed

Bus Travel

बस स्टॉप	bas sTop	bus stop
पूछताछ कार्यालय	pūchhtāchh kāryālaya	enquiries desk
अन्तर्राजकीय बस अड्डा	antarrājkīya bas aDDā	interstate bus terminal
स्थानीय बस अड्डा	sthānīya bas aDDā	local bus stop
पूर्वदत्त टैक्सी	pūrvadatta tAksī	prepaid taxi
पूर्वदत्त स्कूटर रिक्शा	pūrvadatta skūTar rikshā	prepaid auto-rickshaw
टिकट खिड़की	TikaT khiRkī	ticket desk

Days

| सोमवार | sōmvār | Monday |
| मंगलवार | mangalvār | Tuesday |

बुधवार	budhvār	Wednesday
बृहस्पतिवार, गुरुवार	brihaspat vār, guruvār	Thursday
शुक्रवार	shukrvār	Friday
शनिवार	shanivār, shanīchar	Saturday
इतवार, रविवार	itvār, ravivār	Sunday

Health

अस्पताल	aspatāl	hospital
कैज़्युल्टी	kAzhualTī	casualty
दकृत	dant	dental
डाॅक्टर	DākTar	doctor
औषधालय	awshadhālaya	pharmacy
ई एन टी	ī-en-Tī	ear nose and throat
आपात्तकालीन	āpātkālīn	emergency
आई सी यू	āī sī yū	intensive care unit
चौबीस घण्टे खुला है	chawbīs ghanTe khulā hA	open 24 hours
बाह्य रोगी विभाग	bāhy rōgī vibhāg	outpatients' department
चिकित्सक	chikitsak	physician
वार्ड सकृख्या	vārD sankhyā	ward number
ऐक्स रे	Aks-re	X-ray

Hiring, Renting

वातानुकूलित लग्ज़री कोच	vātānukūlit lagzarī kōch	air-conditioned luxury coaches
किराये के लिए मकान	kirāye ke liye makān	furnished apartment for rent
स्कूटर रिक्शा के किराये भाड़े का चार्ट	skūTar riksha ke kirāye/ bhāRe kā chārT	auto-rickshaw fare chart
किराये के लिये कारेृ	kirāye ke liye kāre	car rental
चार्टर्ड बस	chartered bus	chartered bus
टैक्सी भाड़े की सारणी	tAksī bhāRe ki sāranī	taxi fare chart
किराये के लिये खाली ह	kirāye ke liye khālī hA	to let

Hotels

होटल	hōTal	hotel
अतिथि-गृह	atithi-grih	guesthouse
स्वागत कक्ष	svāgat kaksh	reception
प्रतीक्षा कक्ष	pratīksha kaksh	lobby
स्वागत	svāgat	welcome
दो व्यक्तियोंक के लिये	dō vyaktiyō ke liye	double room
एक व्यक्ति के लिये	ek vyakti ke liye	single room
वातानुकूलित कमरा	vātānukūlit kamarā	air-conditioned room
लिफ्ट	lifT	lift, elevator
तल, मकृजिल	tal, manjil	floor
निर्गम	nirgam	exit
मदिरा कक्ष	madira kaksh	bar
नाई	nāī	barber's shop
व्यापार-केन्द्र	vyāpār kendra	business centre
कॉफी-कक्ष	kāfi kaksh	coffee shop
सम्मेलन-कक्ष	sammelan kaksh	conference room
भोजन-कक्ष	bhōjan kaksh	dining room
डाइनिक्रग हॉल	Dāining hāl	dining room
डिस्कोयेक	Diskōthek	discotheque
शौचालय-पुरुष	shawchālay-purush	gents' toilet, men's room
शौचालय-स्री	shawchālay-strī	ladies' toilet, ladies' room
धुलाई घर	dhulāī gar	laundry
लॉड्री	lawnDrī	laundry
वाहन खड़ा न करेक्	vāhan khaRā na kare	no parking
भोजनालय	bhōjanālay	restaurant
दुकानेक्	dukāne	shops
पर्यटन यात्रा	paryaTan yātrā	sightseeing tours
नाश्ता एवक् भोजन	nāshtā evam bhōjan	snacks and meals
तरण ताल	taran tāl	swimming pool
टैक्सी	TAksī	taxi
पर्यटन सूचना	paryaTan sūchanā	tourist information
सेवक, स्टीवर्ड	sevak, 'steward'	waiter; steward

Lifts, Elevators

लिफ्ट	lifṭ	lift, elevator
ऊपर	ūpar	up
नीचे	nīche	down
तल, मकृजिल	tal, manjil	floor
केवल सम सकृख्या अकृक वाले तलोकृ के लिये	keval sam sankhyā ank vāle talō ke liye	for floors with even numbers
केवल विषम सकृख्या अकृक वाले तलोकृ के लिये	keval visham sankhyā ank vāle talō ke liye	for floors with odd numbers
अत्यधिक भार ... व्यक्ति	atyadhik bhār ... vyakti	maximum load ... persons
धूम्रपान निषेध	dhūmrapān nishedh	no smoking
खेद है लिफ्ट की मुरम्मत हो रही है	khed hA lifṭ kī marammat hō rahī hA	sorry, lift/ elevator under repair

Medicines

दवाई की दुकान	davāī ki dukān	drugstore, pharmacy
पट्टी	paṭṭī	bandage
सोने से पहले	sōne se pahle	before going to bed
कैप्सूल	kApsūl	capsules
औषध विकेता	awshadh vikretā	chemist, pharmacist
इकृजैक्शन	injekshan	injection
प्रयोग की विधि	prayōg kī vidhī	instructions for use
मरहम	marham	ointment
कैकृची	kAchī	scissors
पीने की दवा	pīne kī davā	syrup
गोलियाँ	gōliyā̃	tablets
... गोलियाँ प्रतिदिन	... gōliyā̃ pratidin	... tablets per day
चम्मच	chammach	teaspoon
दिन मेकृ ... बार	din me ... bār	... times per day
चेतावनी-निर्धारित मात्रा से अधिक लेना खतरनाक है	chetāvanī: nirdhārit mātrā se adhik davā lenā khatarnāk	warning: it is dangerous to exceed the stated dose

Months

जनवरी	janvarī	January
फरवरी	farvarī	February
मार्च	mārch	March
अप्रैल	aprAl	April
मई	mayī	May
जून	jūn	June
जुलाई	julāi	July
अगस्त	agast	August
सितम्बर	sitambar	September
अक्तूबर	akTūbar	October
नवम्बर	navambar	November
दिसम्बर	disambar	December

Notices on Doors

खींचिए	khīchiye	pull
धकेलिए	dhakeliye	push
प्रवेश	pravesh	entry
निर्गम	nirgam	exit
प्रवेश निषेध	pravesh nishedh	no admission, no entry
केवल प्राधिकृत व्यक्तियोंं के लिए	keval prādhikrit vyaktiyõ ke liye	authorized personnel only
खुला है	khulā hA	open
बन्द है	band hA	closed
बाहर	bāhar	out
लंच के लिए बकृद है	lanch ke liye band hA	closed for lunch
घन्टी	ghanTī	bell
स्वागत	svāgat	reception
कुत्ते से सावधान	kutte se sāvadhān	beware of the dog
गेट के सामने वाहन खड़ा न करें	geT ke sāmane vāhan khaRā na kare	no parking in front of the gate
कृपया जूते उतारिये	kripayā jūte utāriye	please remove your shoes

Numbers

सिफर, शून्य	sifar, shūny (H)	0
एक	ek	1
दो	dō	2
तीन	tīn	3
चार	chār	4
पाँच	pāch	5
छः	chhA	6
सात	sāt	7
आठ	āTh	8
नौ	naw	9
दस	das	10
ग्यारह	giārā	11
बारह	bārā	12
तेरह	terā	13
चौदह	chawdā	14
पन्द्रह	pandrā	15
सोलह	sōlā	16
सतारह	satrā	17
अठारह	aTThārā	18
उन्नीस	unnīs	19
बीस	bīs	20
इक्कीस	ikkis	21
बाईस	bā-īs	22
तेईस	teis	23
चौबीस	chawbīs	24
पच्चीस	pachchīs	25
छब्बीस	chhabbīs	26
सत्ताईस	sattā-īs	27
अठाईस	aTThā-īs	28
उन्तीस	unattīs	29
तीस	tīs	30
इकतीस	ikattīs	31
बत्तीस	battīs	32
तैंतीस	tetīs	33
चौंतीस	chawtīs	34
पैंतीस	pAtīs	35
छत्तीस	chhattīs	36

सैंकृतीस	sAtīs	37
अड़तीस	aRtīs	38
उन्तालीस	untālīs	39
चालीस	chālīs	40
इकतालीस	iktālīs	41
बयालीस	bayālīs	42
तकृतालीस	tAtālīs	43
चौवालीस	chavālīs	44
पैंकृतालीस	pAtālīs	45
छियालीस	chhiālīs	46
सैंकृतालीस	sAtālīs	47
अड़तालीस	aRtālīs	48
उन्चास	unanchās	49
पच्चास	pachās	50
एकावन	ikyāvan	51
बावन	bāvan	52
त्रेपन	trepan	53
चौव्वन	chavvan	54
पचप्पन	pachpan	55
छप्पन	chhappan	56
सताबन	sattāvan	57
अठाबन	aTThāvan	58
उन्सठ	unsaTh	59
साठ	sāTh	60
इकसठ	iksaTh	61
बासठ	bāsaTh	62
त्रेसठ	tresaTh	63
चौसठ	chawsaTh	64
पैंकृसठ	pAsaTh	65
छिआसठ	chhiāsaTh	66
सड़सठ	saRsaTh	67
अड़सठ	aRsaTh	68
उन्हतर	unhattar	69
सत्तर	sattar	70
एक्हतर	ikhattar	71
बहतर	bahattar	72
तिहतर	tihattar	73
चौहतर	chawhattar	74
पकृचहतर	pichhattar	75

छिहतर	chhihattar	76
सत्तहतर	sathattar	77
अठहतर	aThattar	78
उन्नासी	unāsī	79
अस्सी	assī	80
एकास्सी	ikyāsī	81
बयाहसी	bayāsī	82
तिराहसी	tirāsī	83
चौरासी	chawrāsī	84
पच्चासी	pachāsī	85
छिहासी	chhiāsī	86
सत्तासी	satāsī	87
अठास्सी	aTThāsī	88
नवासी	navāsī	89
नब्बे	navve	90
एकान्नवेक़	ikyānave	91
बानवेक़	bānve	92
त्रियानवे	tirānve	93
चौरानवे	chawrānve	94
पच्चानवे	pachānve	95
छियानवे	chhiānve	96
सत्तानवे	sattānve	97
अठानवे	aTThānve	98
निन्यान्वे	ninyānave	99
सौ	saw	100
दो सौ	dō saw	200
तीन सौ	tīn saw (etc)	300
एक हज़ार	ek hazār	1,000
दो हज़ार	dō hazār (etc)	2,000
एक लाख	ek lākh	100,000
दो लाख	dō lākh (etc)	200,000
दस लाख	das lākh	1,000,000

Place Names

आगरा	āgrā	Agra
अमृतसर	amritsar	Amritsar
बैंगलोर	banglōr	Bangalore
कलकत्ता	kalkattā	Calcutta

चण्डीगढ़	chanDīgaRh	Chandigarh
चेन्नाई (मदास)	chennāī (madrās)	Chenai (Madras)
दार्जिलिंग	dārjiling	Darjeeling
गंगाटोक	gangtōk	Gangtok
गोआ	gōā	Goa
हैदराबाद	hAdarābād	Hyderabad
जयपुर	jApur	Jaipur
कन्याकुमारी	kanyākumārī	Kanniyakumari
काश्मीर	kāshmīr	Kashmir
खजुराहो	khajurāhō	Khajuraho
लखनऊ	lakhnawu	Lucknow
मुम्बई (बम्बई)	mumbaI (bambAi)	Mumbai (Bombay)
नई दिल्ली	nayī dillī	New Delhi
पुरि (उड़ीसा)	purī (ōrīsā)	Puri (in Orissa)
शिमला	shimlā	Simla
उदयपुर	udaypur	Udaipur
वाराणसी	vārānasī	Varanasi (Benares)

Post Office

डाकघर	Dāk ghar	post office
मुख्य डाकघर	mukhy Dak ghar	General Post Office
पत्र पेटिका	patra peTikā	letter box, mailbox
हवाई डाक	havāī Dāk	airmail
कूरियर	kuriyar	courier
स्पीड डाक	spīD pōsT	express mail
पार्सल	pārsal	parcels
दूरभाष	dūrbhāsh	phone
पिन कोड	pin kōD	post code, zip code
मेल बाक्स	mel baks sankhyā	P.O. Box number
डाक टिकटें	Dāk tikaTe	postage stamps
पोस्ट मास्टर	pōsT māsTar	post master
रजिस्टर्ड डाक	rajisTard Dāk	registered mail
टेलीग्राम	telīgrām	telegrams

Public Buildings

हवाई अड्डा	havāī aDDā	airport
बैंक	bAnk	bank
कालेज	kawlej	college
क्रिकेट का मैदान	krikeT kā mAdān	cricket ground
ज़िला न्यायालय	zilā nyāyālay	District Court
दूतावास	dūtāvās	embassy
उच्च न्यायालय	uchcha nyāyālay	High Court
अस्पताल	aspatāl	hospital
इंडोर स्टेडियम	inDōōr sTeDium	indoor stadium
बाज़ार	bāzār	market
संसद भवन	sansad bhawan	Parliament House
राष्ट्रपति निवास	rāshTrapatdi nivās	President's house
प्रधानमंत्री निवास	pradhān mantrī nivās	Prime Minister's house
खेल का मैदान	khel kā mAdān	stadium
विश्व विद्यालय	vishwa vidyālaya	university

Public Holidays

क्रिसमस	krismas	Christmas
दिवाली	dīvālī	Divali, Festival of Lights
दशहरा	dashaharā	Dussehra (Hindu festival marking the triumph of good over evil)
ईद-उल-फ़ितर	īdulfitar	end of Ramadan
गुरुनानक जन्मदिवस	gurūnānak janmdivas	Guru Nānak's birthday
होली	hōlī	Holi, Festival of Colours
ईद-ए-मिलाद	īdmilād	Id-e-Milad (Muslim festival)
स्वतंत्रता दिवस	svatantratā divas	Independence Day
जन्माष्टमी	janmāshTamī	Krishna's birthday
गांधी जयन्ती	gāndhī jayantī	Mahatma Gandhi's birthday
रक्षा बन्धन	rakshā bandhan	Raksha Bandhan (Hindu festival)
गणतंत्र दिवस	ganatantra divas	Republic Day

Rail Travel

रेलवे स्टेशन	relve sTeshan	railway station, train station
आगमन	āgaman	arrival
प्रस्थान	prasthān	departure
प्रवेश	pravesh	entrance
निर्गम	nirgam	exit
आरक्षण सारणी	ārakshan sāranī	reservations chart
आरक्षण काउन्टर	ārakshan kāunTar	reservations desk
प्लेटफार्म	pleTfārm	platform, track
प्लेटफार्म टिकट	pleTfārm TikaT	platform/track ticket
प्रथम श्रेणी	pratham shrenī	first class
द्वितीय श्रेणी	dvitīya shrenī	second class
वातानुकूलित कुर्सी यान	vātānukūlit kursī yān	air-conditioned carriage
आरक्षित कोच	ārakshit kōch	reserved coach
राजधानी ऐक्सप्रेस	rājdhānī ekspres	Rajdhani Express
शताब्दी ऐक्सप्रेस	shatābdī ekspres	Shatabadi Express
रसोई-भण्डार	rasōī-bhanDār	pantry, buffet car
कन्डक्टर	kanDakTar	conductor
सकृवाहक	samvāhak	conductor
टिकट निरीक्षक	TikaT nirīkshak	ticket inspector
कुली	kuli	coolie, railway porter
स्टेशन मास्टर	sTeshan māsTar	station master
रेलवे पुलिस	relve pulis	railway police
अमानती सामानघर	amānatī sāmānghar	cloakroom
विश्राम-कक्ष	vishrām kaksh	resting rooms
शौचालय	shawchālaya	toilets, rest rooms
प्रसाधन	prasādhan	toilets, rest rooms
शौचालय-स्त्री	shawchālaya-mahilā	ladies' toilet, ladies' room
पेय जल	peya jal	drinking water
ख़तरा	Khatrā	danger

Restaurants, Bars

| भोजनालय | bhōjanālaya | restaurant |
| ओपन एयर रैस्टोरन्ट | ōpan eyar restōrenT | open-air restaurant |

मदिरा कक्ष	madirā kaksh	bar
कॉफ़ी शाप	kāfī shawp	coffee shop
आईसक्रीम पार्लर	āiskrīm pārlar	ice-cream parlour
वातानुकूलित	vātānukūlit	air-conditioned
चौबीस घण्टे परिवेषण	chawbīs ghanTe pariveshan	24-hour service
नाश्ता	nāshtā	breakfast
साक्यकालीन भोजन	sāyam kālīn bhōjan	evening meal
लकृच (दोपहर का भोजन)	lanch (dōpahar kā bhōjan)	lunch
चाईनीज़ भोजन	chāinīz bhōjan	Chinese food
यूरोपिय	yūrōpīya	Western European
फास्ट फूड	fāsT fūD	fast food
व्यंजन सूची	vyanjan sūchī	menu
मुगलाई	mugalāī	Mughlai cuisine
विभिन्न प्रकार के भोजन	vibhinna prakār ke bhōjan	Indian, Chinese, European etc cuisine
दक्षिण भारतीय भोजन	dakshin bhārtīya bhōjan	Southern Indian cuisine
पानी	pānī	water
आरक्षित	ārakshit	reserved table
कैशियर	kAshiyar	cashier

Road Signs

दुर्घटना सक्भावित क्षेत्र	durgaTanā sambhāvit kshetra	accident blackspot
चेतावनी-लोग काम पर हैकृ	chetāvanī-lōg kām par hA	caution, men at work
चैक प्वाकृइट	chAk pōinT	checkpoint
जाकृच के लिए रुकेकृ	jāch ke liye ruke	checkpoint
साईकिल-पथ	sāikal path	cycle path
वाहन धीरे चलायेकृ	vāhan dhīre chalāye	drive slowly
अपनी लेन मेकृ चलेकृ	apnī len me chale	keep in lane
बायीकृ ओर चलेकृ	bāī ōr chale	keep left
दायीकृ ओर चलेकृ	dāī ōr chale	keep right
वाहन खड़ा न करेकृ	vāhan khaRā na kare	no parking
यू टर्न निषेध	yū tarn nishedh	no U-turns

पैदल यात्री	pAdal yātrī	pedestrian
हार्न निषेध क्षेत्र	hārn nishedh kshetra	do not sound horn in this area
आगे स्कूल है	āge skūl hA	school ahead
आगे नुकीला मोड़ है	āge nukīlā mōR hA	sharp bend ahead
आगे गति अवरोधक है	āge gati avarōdhak hA	speed bump ahead
गति सीमा ६० किलोमीटर	gati sīmā sāTh kilōmīTar	speed limit 60 kph
रुकेकृ	ruke	stop
भूमिगत पार-पथ	bhūmigat pār-path	subway, underground passage
यू टर्न अनुमत	yū tarn anumat	U-turns allowed

Sport, Trekking

फिशिकृग	fishing	fishing
कायाकिकृग	kayaking	kayaking
रैफ्टिकृग	rAfting	rafting
राक क्लाइम्बिकृग	rock climbing	rock climbing
ट्रैकिकृग	TrAking	trekking

Urdu

→

English
Signs and
Notices

Contents

General Signs.. 173
Airport, Planes 173
Banks, Money 175
Bus Travel 176
Days... 176
Health 176
Hiring, Renting.. 177
Hotels 177
Lifts, Elevators.. 179
Medicines.. 179
Months.. 180
Notices on Doors 180
Numbers 181
Place Names 184
Post Office... 185
Public Buildings 186
Public Holidays 186
Rail Travel 187
Restaurants, Bars 188
Road Signs 189
Sport, Trekking... 190

General Signs

آرٹ گیلری	ārt galarī	art gallery
بس سٹینڈ	basistand	bus stop
چلڈرن پارک	children pārk	children's playground
سینما ہال	sinemāhāl	cinema, movie theater
سفارت خانہ	safārat khanā	embassy
فائر سٹیشن	fire sTeshan	fire station
باغ	bāg	garden
گورمنٹ ٹورسٹ آفس	government tourist office	government tourist office
میوزیم	museum	museum
پولیس سٹیشن	pulis sTeshan	police station
یادگار عمارتیں	yādgār imarte	protected monuments
سٹیٹ ہینڈی کرافٹس ایمپوریم	istate handicraft emporium	state handicraft emporium
سٹیٹ ٹورازم آفس	istate tūRism ōffis	state tourism office
ٹیلیفون ایکسچینج	Teliphōn exchange	telephone exchange
تھیٹر	ThiyeTar	theatre
ٹریول اینڈ ٹور آپریٹر	travel and tour operator	travel and tour operator

Airport, Planes

قومی ہوائی اڈہ	kavmi havāi aDDā	domestic airport
بین الاقوامی ہوائی اڈہ	bAnul agvāmī havāi aDDā	international airport
ڈومیسک ٹرمینل	domestic tarminal	domestic terminal
انٹرنیشنل ٹرمینل	international tarminal	international terminal
پروازوں کے بارے میں معلومات	parvazōnke bare me mālumāt	flight information

173

پروازوں کے بارے میں بتانے والی تختی	parvazke bare me batanevalī takhTī	flight information
آمد	āmad	arrival
روانگی	ravāngī	departure
چیک ان کاؤنٹر	check in kāunTar	check-in desk
ریزرویشن کاؤنٹر	reservation kāunTar	reservations counter
پوچھ تاچھ	puch tāch	enquiries
سیکیورٹی چیک کاؤنٹر	security check kāunTar	security check
اندر جانے کا راستہ	underjāne kā rāsTa	way in, entrance
باہر جانے کا راستہ	bāhar jane ka rāsTa	way out, exit
ایرپورٹ مینجر	airport manager	airport manager
انفنٹ لابی	infant lōbbī	baby area
سامان کے لیے ٹھیلا	sāmān ke liye thelā	baggage trolley, baggage cart
بنک کاؤنٹر (زر مبادلہ)	bAnk kāunTar (zare mabadala)	bank, exchange
کار رینٹل سروس	car rental service	car rental service
دواخانہ اور بازار	dawakhanā awr bazār	drugstore and shopping plaza
ڈیوٹی فری شاپ	duty-free shop	duty-free shop
فوری طبی امداد	fawri tibbi imdād	first aid
ہوٹل ریزرویشن کاؤنٹر	hōTel reservation kāunTer	hotel reservations counter
امیگریشن	immigration	immigration
ضروری اطلاع	zaruri iTTalā	important notice
فوٹو کھنچنا منع ہے	fōtu khAnchna mana hA	photography prohibited
ڈاکخانہ	dāk khānā	postal services
پری پیڈ ٹیلسی سروس	pirī peid taxi service	prepaid taxi service
پبلک ٹیلیفون (ایس ٹی ڈی بر آئی ایس ڈی)	(STD/ISD) public telephone	public telephone (STD/ISD)
ریستوران	restōrā	restaurant

174

آرام گاہ	ārāmgāh musāfirōn ke	resting rooms
محدود علاقہ	mehdud elakā	restricted area
اپنا ٹکٹ اور پاسپورٹ دکھائیے	apna TikeT awr pāsspōrt dikhāyn	show your ticket and passport
مسافروں کے ٹھہرنے کی جگہ	theharne kī jagah	sleeping accommodation for passengers in transit
اسنیکس بار	isnaks	snack bar
صرف عملے کے لئے	sirf amle ke lie	crew only
ناگہانی ضرورت کے وقت استعمال ہونے والا دروازہ	nāgahani zarurat ke vakt istamāl hōnevala darvāza	emergency exit
خطرہ	khaTra	danger

Banks, Money

بنک ڈرافٹ	bAnk draft	bank drafts
نقد ادائیگی	tadad adāygi	cash payment
نقد کی رسید	nakad kī rasīd	cash receipt
کریڈٹ کارڈ	credit card	credit card
غیر ملکی زر مبادلہ کاؤنٹر	gArmulki zaremabadla kāunTar	foreign exchange counter
شرح زر مبادلہ	sharah zaremabadla	exchange rate
منیجر	manager	manager
چیف منیجر	chief manager	senior manager
سفری چیک بھنائے جاتے ہیں	safricheck bhunāy jāte hA	travellers' cheques cashed

Bus Travel

بس اڈہ	basistand	bus stop
پوچھ تاچھ کی کھڑکی	puch tāch kī khirki	enquiries desk
انٹراسٹیٹ بس ٹرمینل	interisTate bas tarminal	interstate bus terminal
لوکل بس اسٹینڈ	local basisTand	local bus stop
پری پیڈ ٹیکسی ر آٹورکشا	piripayed taxi/ awTō rikshā	prepaid taxi/ auto-rickshaw
ٹکٹ کی کھڑکی	TikaT kī khirkī	ticket desk

Days

پیر	pīr	Monday
منگل	mangalvār	Tuesday
بدھ	budhvār	Wednesday
جمعرات	jumme vāt	Thursday
جمعہ	zummā	Friday
ہفتہ (سنیچر)	hafta, shanīchar	Saturday
اتوار	itvār	Sunday

Health

ہسپتال	aspatāl	hospital
کاژوالٹی	kazvalTī	casualty
دندانی (ڈینٹل)	dandānce (dental)	dental
ڈاکٹر	DawkTar	doctor
دواخانہ	davākhānā	drugstore, pharmacy
کان، ناک اور گلہ (ای۔این۔ٹی)	kān nāk awr galā (ENT)	ear nose and throat
ایمرجینسی	emergency	emergency
انٹینسو کیئر یونٹ (آئی۔سی۔یو)	intensive care unit (ICU)	intensive care unit
چوبیس گھنٹے کھلا ہے	chawbīs ganTe khulā hA	open 24 hours

شعبہ برائے غیر رہائشی مریض (او۔پی۔ڈی)	(shōbā baray gAr) rihāyshī marīz	outpatient's department
ماہر طبیب	māhirtabīb	physician
وارڈ نمبر	ward number	ward number
ایکس رے	xray	X-ray

Hiring, Renting

طویل مسافت والی ایر کنڈیشنڈ تفریحی بس	tavīl masāfat vāli air-conditioned tafrihi base	air-conditioned luxury coaches
آراستہ کمرے کرائے پر ملتے ہیں	ārāsta kamre kirāye par milte hA	furnished apartment for rent
آٹو رکشا کے کرائے کا چارٹ	awTō rakshā ke kirāye kā chārT	auto-rickshaw fare chart
کار کرائے پر ملتی ہے	kār kirāye par miltī hA	car rental
چارٹرڈ بس	chartered bus	chartered bus
ٹیکسی کے کرائے کا چارٹ	taxi ke kirāye kā chārT	taxi fare chart
کرائے پر دینے کے لیے	kirāye par dene ke liye	to let

Hotels

ہوٹل	hōTel	hotel
مہمان خانہ	mehmān khāna	guesthouse
استقبالیہ (ریسیپشن)	istaKbāliā (reception)	reception
لابی	lābī	lobby
خوش آمدید	khushāmded	welcome
دو افراد کے لئے کمرہ (ڈبل روم)	dō afrād ke liye kamrā	double room
ایک فرد کے لئے کمرہ (سنگل روم)	ek fard ke liye kamrā	single room

دو افراد کے لئے ایئر کنڈیشنڈ کمرہ	air-conditioned double kamrā	air-conditioned double room
لفٹ (ایلیویٹر)	lifT	lift, elevator
منزل	manzil	floor
باہر جانے کا راستہ	bāhar jāne kā rāstā	exit
مئے خانہ (بار)	mAKhānā	bar
حجام کی دکان	hajjām kī dukān	barber's shop
تجارتی مرکز	tijārtī markaz	business centre
کافی خانہ	kāfiKhānā	coffee shop
کانفرنس ہال	kānfrens hāl	conference room
طعام خانہ	tāmKhānā	dining room
رقص گاہ (ڈسکو تھیک)	raksgāh	discotheque
بیت الخلا ۔ مردانہ	bAtul khala mardānā	gents' toilet, men's room
بیت الخلا ۔ زنانہ	bAtul khala zanānā	ladies' toilet, ladies' room
لانڈری	laundry	laundry
گاڑی کھڑی کرنا منع ہے	gāRī kharī karnā manā hA	no parking
ریستوران	restōrā	restaurant
دکانیں	dukāne	shops
قابل دید مقامات کی سیر کے لئے سفر	gābile dīd makāmāt ki sAr ke liye safar	sightseeing tours
ہلکا پھلکا کھانا اور کھانا	halkā phulkā khānā awr khānā	snacks and meals
اسٹیوارڈ	sTuarD	steward
سویمنگ پول	swimming pool	swimming pool
ٹیکسی	taxi	taxi
معلومات برائے سیاح	mālōmat barāye sayyah	tourist information
ویٹر	veTer	waiter

Lifts, Elevators

لفٹ	lifT	lift, elevator
اوپر	ūpar	up
نیچے	nīche	down
منزل	manzil	floor
طاق اعداد والی منزلوں پر جانے کے لئے	juft ādvāli manzilōn par jāne ke liye	for floors with even numbers
جفت اعداد والی منزلوں پر جانے کے لئے	tāk ādvāli manzilōn par jāne ke liye	for floors with odd numbers
زیادہ سے زیادہ اشخاص کا بار	ziyada se ziyade ... ashkhash kā bhā	maximum load ... persons
سگریٹ نوشی منع ہے	sigreTnōshī mana hA	no smoking
معاف کیجئے، لفٹ کی مرمت ہو رہی ہے	māf kījiye, lifT kī marammat hō rahī hA	sorry, lift/ elevator under repair

Medicines

دواخانہ	dawakhānā	drugstore, pharmacy
پٹی	paTTī	bandage
سونے سے پہلے	sōne se pahle	before going to bed
کپسول	kApsūl	capsules
دوافروش	davāfarōsh	chemist, pharmacist
ٹیکہ (انجیکشن)	Tīkā	injection
ہدایات برائے استعمال	hidāyat barāyl istamāl	instructions for use
مرہم	marham	ointment

179

قینچی	kAnchī	scissors
شربت	sharbat	syrup
گولیاں	gōliyā	tablets
دن میں ..... گولیاں	din me ... gōliyā	... tablets per day
چائے کا چمچہ بھر	chāy kā chamchā bhar	teaspoon
دن میں .....بار	din me ... bār	... times per day
احتیاط ..... بتائی گئی خوراک زیادہ استعمال مضر ہے	ehtiyat batāi gayī khōrāk zyādā istamāl muzir hA	warning: it is dangerous to exceed the stated dose

Months

جنوری	janvarī	January
فروری	farvarī	February
مارچ	mārch	March
اپریل	aprAl	April
مئی	mayī	May
جون	jūn	June
جولائی	julāi	July
اگست	agast	August
ستمبر	sitambar	September
اکتوبر	akTūbar	October
نومبر	navambar	November
دسمبر	disambar	December

Notices on Doors

کھینچیے	khenchiye	pull
دھکیلیے	dhakeliye	push
داخل ہونے کا راستہ	dākhil hōne kā rāstā	entry
باہر جانے کا راستہ	bāhar jāne kā rāstā	exit
داخلہ منع ہے	dākhlā manā hA	no admission, no entry

صرف با اختیار کار کنان کے لئے	sirf bā akhtiār karkunan ke liye	authorized personnel only
کھلا ہے	khulā hA	open
بند ہے	band hA	closed
باہر	bāhar	out
دوپہر کے کھانے کے لئے بند	dōphar ke khāne ke liye band	closed for lunch
گھنٹی	ganTi	bell
استقبالیہ (ریسیپشن)	istaKbāliā (reception)	reception
کتے سے ہوشیار	kutte se hōshyār	beware of the dog
دروازے کے سامنے گاڑی کھڑی کرنا منع ہے	darvāze ke sāmne gāRī khaRā karnā manā hA	no parking in front of the gate
برائے کرم اپنے جوتے اتار دیجئے	barāy karam apne jūte utārdījiye	please remove your shoes

Numbers

٠	sifar, shūny (H)	0
١	ek	1
٢	dō	2
٣	tīn	3
٤	chār	4
٥	pāch	5
٦	chhA	6
٧	sāt	7
٨	āTh	8
٩	naw	9
١٠	das	10
١١	giārā	11
١٢	bārā	12
١٣	terā	13
١٤	chawdā	14
١٥	pandrā	15

181

۱٦	sōlā	16
۱۷	satrā	17
۱۸	aTThārā	18
۱۹	unnīs	19
۲۰	bīs	20
۲۱	ikkis	21
۲۲	bā-īs	22
۲۳	teis	23
۲٤	chawbīs	24
۲۵	pachchīs	25
۲٦	chhabbīs	26
۲۷	sattā-īs	27
۲۸	aTThā-īs	28
۲۹	unattīs	29
۳۰	tīs	30
۳۱	ikattīs	31
۳۲	battīs	32
۳۳	tetīs	33
۳٤	chawtīs	34
۳۵	pAtīs	35
۳٦	chhattīs	36
۳۷	sAtīs	37
۳۸	aRtīs	38
۳۹	untālīs	39
٤۰	chālīs	40
٤۱	iktālīs	41
٤۲	bayālīs	42
٤۳	tAtālīs	43
٤٤	chavālīs	44
٤۵	pAtālīs	45
٤٦	chhiālīs	46
٤۷	sAtālīs	47
٤۸	aRtālīs	48
٤۹	unanchās	49
۵۰	pachās	50

۵۱	ikyāvan	51
۵۲	bāvan	52
۵۳	trepan	53
۵۴	chavvan	54
۵۵	pachpan	55
۵۶	chhappan	56
۵۷	sattāvan	57
۵۸	aTThāvan	58
۵۹	unsaTh	59
۶۰	sāTh	60
۶۱	iksaTh	61
۶۲	bāsaTh	62
۶۳	tresaTh	63
۶۴	chawsaTh	64
۶۵	pAsaTh	65
۶۶	chhiāsaTh	66
۶۷	saRsaTh	67
۶۸	aRsaTh	68
۶۹	unhattar	69
۷۰	sattar	70
۷۱	ikhattar	71
۷۲	bahattar	72
۷۳	tihattar	73
۷۴	chawhattar	74
۷۵	pichhattar	75
۷۶	chhihattar	76
۷۷	sathattar	77
۷۸	aThattar	78
۷۹	unāsī	79
۸۰	assī	80
۸۱	ikyāsī	81
۸۲	bayāsī	82
۸۳	tirāsī	83
۸۴	chawrāsī	84
۸۵	pachāsī	85

۸۵	chhiāsī	86
۸۶	satāsī	87
۸۷	aTThāsī	88
۸۸	navāsī	89
۸۹	navve	90
۹۰	ikyānave	91
۹۱	bānve	92
۹۲	tirānve	93
۹۳	chawrānve	94
۹۴	pachānve	95
۹۵	chhiānve	96
۹۶	sattānve	97
۹۷	aTThānve	98
۹۸	ninyānave	99
۹۹	saw	100
۱۰۰	dō saw	200
۲۰۰	tīn saw	300
۳۰۰	ek hazār	1,000
۱۰۰۰	dō hazār	2,000
۲۰۰۰	ek lākh	100,000
۱۰۰۰۰۰	dō lākh	200,000
۲۰۰۰۰۰	das lākh	1,000,000
۱۰۰۰۰۰۰		

Place Names

آگرہ	āgrā	Agra
امرتسر	amritsar	Amritsar
بنگلور	banglōr	Bangalore
کلکتہ	kalkaTTā	Calcutta
چندی گڑھ	chanDīgarh	Chandigarh
چنائی (مدراس)	chenāī (madrās)	Chenai (Madras)
دارجلنگ	dārjiling	Darjeeling
گنگٹوک	gangtōkī	Gangtok
گوآ	gōā	Goa
حیدر آباد	hAdarābād	Hyderabad

184

جے پور	jApur	Jaipur
کنیاکماری	kanyākumārī	Kanniyakumari
کشمیر	kāshmīr	Kashmir
کھاجر	khajurāhō	Khajuraho
لکھنؤ	lakhnawu	Lucknow
ممبئی (بمبئی)	mumbaī (bambAī)	Mumbai (Bombay)
نئی دلی	nayī dillī	New Delhi
پوری (اڑیسہ)	purī (ōrīsā)	Puri (in Orissa)
شملہ	simlā	Simla
اودے پور	udaypur	Udaipur
واراناسی	vārānasī	Varanasi (Benares)

Post Office

ڈاک خانہ	Dāk khānā	post office
بڑا ڈاک خانہ	baRa Dāk khānā	General Post Office
لیٹر باکس	letter box	letter box, mailbox
ہوائی ڈاک	havāi Dāk	airmail
پغام رساں (کوریئر)	pAgām rasōn courier	courier
سپیڈ پوسٹ	ispīd post	express mail
پارسل	parsal	parcels
ٹیلیفون	Telīphōn	phone
پن کوڈ	pin code	post code, zip code
میل باکس نمبر	mail box number	P.O. Box number
ڈاک ٹکٹ	Dāk TikaT	postage stamps
پوسٹ ماسٹر	post masTar	postmaster
رجسٹر ڈڈاک	registered Dāk	registered mail
تار	tār	telegrams

Public Buildings

ہوائی اڈہ	havāi aDDā	airport
بنک	bAnk	bank
کالج	kālej	college
کرکٹ سٹیڈیم	krikeT isteDiam	cricket ground
ضلع عدالت (ڈسٹرکٹ کورٹ)	zilāadālat (district court)	District Court
سفارت خانہ	sifārat khānā	embassy
عدالت عالیہ (ہائی کورٹ)	adālate āliā (high court)	High Court
ہسپتال	aspatāl	hospital
انڈور سٹیڈیم	indoor isteDiam	indoor stadium
بازار	bāzār	market
پارلیمنٹ ہاؤس	parliament house	Parliament House
صدر کی رہائش گاہ	sadar kī rihAshgāh	President's house
وزیراعظم کی رہائش گاہ	vazīre āzam kī rihāishgāh	Prime Minister's house
سٹیڈیم	isteDiam	stadium
جامعہ (یونیورسٹی)	jāmiā (university)	university

Public Holidays

کرسمس	krismas	Christmas
دیوالی	dīvālī	Divali, Festival of Lights
دسہرا	dasehrā	Dussehra (Hindu festival marking the triumph of good over evil)
عید الفطر	īdulfitar	end of Ramadan
گورو نانک کا یوم پیدائش	gurū nānak kā yōme pAdāish	Guru Nanak's birthday

ہولی	hōlī	Holi, Festival of Colours
عید میلاد	īdmilād	Id-e-Milad (Muslim festival)
یوم آزادی	yōme āzādi	Independence Day
جنم اشٹمی	jan māshTamī	Krishna's birthday
گاندھی جینتی	gāndhī jayentī	Mahatma Gandhi's birthday
رکشابندھن	rakshā bandhan	Raksha Bandhan (Hindu festival)
یوم جمہوریہ	yōme jamhūria	Republic Day

Rail Travel

ریلوے اشٹیشن	relve sTeshan	railway station, train station
آمد	āmad	arrival
روانگی	ravāngī	departure
داخلہ	dākhlā	entrance
باہر جانے کا راستہ	bāhar jāne kā rāstā	exit
ریزرویشن چارٹ	reservation chart	reservations chart
ریزرویشن کاؤنٹر	reservation kāunTar	reservations desk
پلیٹ فارم	pletfārum	platform, track
پلیٹ فارم ٹکٹ	pletfārum TikaT	platform/ track ticket
درجہ اول (فرسٹ کلاس)	darjā avval (first class)	first class
درجہ دوم (سیکنڈ کلاس)	darjā dōyam (second class)	second class
اے۔ سی چئیر کار	AC chArkar	air-conditioned carriage
ریزروڈ کوچ	reserved coach	reserved coach

راجد هانی ایکسپریس	rājdhānī express	Rajdhani Express
شتابدی ایکسپریس	shatābdi express	Shatabadi Express
نعمت خانہ (پینٹری)	nemat khānā (pantry)	pantry, buffet car
کنڈکٹر	kanDakTar	conductor
ٹکٹ چیکر	TikaT chAkar	ticket inspector
قلی	kulī	coolie, railway porter
سٹیشن ماسٹر	sTeshan master	station master
ریلوے پولیس	relve pulis	railway police
سامان گاہ (کلوک روم)	sāmāngāh (cloakroom)	cloakroom
آرام گاہ	ārāmgāh	resting rooms
بیت الخلا	bAtul khalā	toilet, rest rooms
بیت الخلا برائے خواتین	bAtul khalā barāy khavātīn	ladies' toilet, ladies' room
پینے کا پانی	pīne kā pānī	drinking water
خطرہ	khaTrā	danger

Restaurants, Bars

ریستوران	restōrā	restaurant
کھلا ریستوران	khulā restōrā	open-air restaurant
میخانہ (بار)	mAkhānā (bar)	bar
کافی شاپ	coffee shop	coffee shop
آئس کریم پارلر	ice-cream parlour	ice-cream parlour
ایر کنڈیشنڈ	air-conditioned	air-conditioned
۲۴ گھنٹے کھلا ہے	24 ganTe khula	24-hour service
ناشتہ	hA nāshtā	breakfast
عشائیہ (شام کا کھانا)	eshAya (shām kā khānā)	evening meal
ظہرانہ (دو پہر کا کھانا)	zahrana (dōphar kā khānā)	lunch

چینی خوراک (چائنیز فوڈ)	chīnī khurāk (Chinese food)	Chinese food
کانٹی نینٹل	continental	Western European
فاسٹ فوڈ	fast food	fast food
مینیو	menyū	menu
مغلائی	muglai	Mughlai cuisine
قسم قسم کے کھانے	kism kism ke khāne	Indian, Chinese, European etc cuisine
ساؤتھ انڈین کھانے	South Indian khāne	Southern Indian cuisine
پانی	pānī	water
مخصوص میز (ریزروڈ ٹیبل)	makhsūs meze (reserved table)	reserved table
کیشیر	cashier	cashier

Road Signs

وہ علاقہ جہاں حادثے کا خطرہ ہے	vō ilakā jaha hādse kā khatrā hA	accident blackspot
خبردار! عملہ کام کر رہا ہے	khabardār amlā kām kar rahā hA	caution, men at work
چیک پوائنٹ	checkpoint	checkpoint
سائیکل چلانے کا راستہ	sāikil chalāne kā rāstā	cycle path
گاڑی آہستہ چلائے	gāRi āhistā chalāiye	drive slowly
اپنی قطار میں گاڑی چلائے	apnī katār me gāRi chalāiye	keep in lane
بائیں طرف چلیے	bāyī taraf chaliye	keep left
دائیں طرف چلیے	dāyī taraf chaliye	keep right
گاڑی کھڑی کرنا منع ہے	gāRī khaRī karnā manā hA	no parking
مڑنا منع ہے	muRna manā hA	no U-turns

پیدل چلنے والے	pAdal chalne vale	pedestrian
وہ علاقہ جہاں شور کرنا منع ہے	vō ilakā jaha shōr karnā manā hA	noise prohibited in this area
آگے سکول ہے	āge iskūl hA	school ahead
آگے تیکھا موڑ ہے	āge tīkhā mōRe hA	sharp bend ahead
آگے اسپیڈ بریکر ہے	āge ispīD brekar hA	speed bump ahead
معینہ رفتار ۶۰ کلو میٹر	muāyna raftār 60 kilōmeTer	speed limit 60 kph
ٹھہریئے	Thahriye	stop
زیریں راستہ	zerin rāstā	subway, underground passage
مڑنے کی اجازت ہے	muRne kī ijāzat hA	U-turns allowed

Sport, Trekking

مچھلی کا شکار (فشنگ)	machhlī kā shikār (fishing)	fishing
کایاکنگ	kayaking	kayaking
ریفٹنگ	rafting	rafting
راک کلائمبنگ	rock climbing	rock climbing
ٹریکنگ	Traking	trekking

Menu Reader:
Food

Essential Terms

bread ᴅabal rōṭī
butter makkhan
cup pyālā
dessert miṭhāi
fish machhlī
fork kāṭā
glass gilās
knife chākū
main course ᴋhās khānā
meat gōsht, mās (ʜ)
menu menyū
pepper kālī mirch
plate plet
  (metal) ṭhālī
salad salād
salt namak
set menu fiks menyū
soup shōrbā
spoon chammach
starter pahlā dawr
table mez

excuse me! suniye!
I'd like ... mujhe ... chāhiye
another ..., please ek awr ... dījiye
could I have the bill? bil lāiye?

Basic Words

āTā flour
chaTnī sauce; ketchup; chutney
chīnī sugar
dahī yoghurt
dūdh milk
ghī clarified butter
jaggery unrefined sugar
makkhan butter
murabbā jam
panīr cheese
rāī mustard
sarsō mustard
sattū flour (Bihar)
shahad honey
shōrbā soup; gravy
sirkā vinegar
vanaspati makkhan margarine

Beef and Beef Dishes

dam gōsht beef baked with yoghurt and black pepper
gāy kā gōsht beef
Hydrabadi masālā beef Hyderabad spicy beef
kāshmīrī dam gōsht Kashmiri beef steamed in a casserole

Biryanis

bhunā murg biryanī tandoori chicken biryani
chanā biryanī chickpea/
garbanzo biryani (Pakistan)
jhīngā biryanī prawn biryani
jhīngā maTar biryanī prawn biryani with peas
kāshmīrī biryanī Kashmiri biryani
kīma biryanī minced meat biryani
maTar, anDe biryanī peas and egg biryani
meat biryanī lamb biryani
mugal meat biryanī lamb biryani in a sauce made with yoghurt
mugal murg biryanī chicken biryani in a sauce made with yoghurt
murg biryanī chicken biryani
murg tikkā biryanī biryani with boneless pieces of chicken
sabej biryanī vegetable biryani
tikkā meat biryanī biryani with boneless pieces of lamb

Bread, Pancakes

appam rice pancake, speckled with holes, soft in the middle (Southern India)
ālū gōbhī parāThā paratha stuffed with potatoes and cauliflower
ālū parāThā paratha stuffed with potatoes
baTūrā soft deep-fried bread made from white flour (Delhi)

bhājī deep-fried cakes of vegetables in chick-pea flour batter

bhel pūrī small vegetable-stuffed puri with tamarind sauce (Bombay)

bhūrī Dabal rōTī brown bread

chapātī unleavened bread made of wholewheat flour and baked on a griddle

chōkar vālī Dabal rōTī wholemeal bread

dōsā deep-fried pancakes made from rice flour and pulses (Southern India)

Dabal rōTī bread; loaf

gujrātī pūrī puri made with pulses and peas

idli steamed bread made from rice flour and lentils (Southern India)

idli sambar lentil and vegetable sauce with steamed bread made from rice flour and lentils (Southern India)

kachōRī small thick cakes of salty deep-fried bread

kāshmīrī nān nan made with dried fruit and nuts

kathi rolls kebabs rolled into griddle-fried bread (Calcutta)

katlam paratha stuffed with minced meat

kīma nān nan stuffed with minced meat

kīma parāThā paratha stuffed with minced meat

loochi delicate puri often mixed with white flour (Bengal)

makki kī roTī fried corn bread

masālā dōsā potato and vegetable curry wrapped in a crispy rice pancake (Southern India)

mughlai parāThā spicy fried bread with egg

nān white leavened bread cooked in a clay oven

panī pūrī small vegetable-stuffed puris dunked in peppery and spicy sauce

panīr nān cheese nan

parāThā layered wholewheat bread made with butter or oil, rolled thin and fried on a griddle; sometimes stuffed with meat or vegetables

peshāwari nān nan made with butter and nuts

pūrī soft deep-fried bread

rōTī unleavened bread made of wholewheat flour and baked on a griddle

rumali rot 'handkerchief' bread (Northern India, Muslim)

sabzī vālī nān nan stuffed with vegetables

safed Dabal rōTī white bread

sāg pūrī spinach puri

tandūrī parāThā paratha cooked in a clay oven

tandūrī rōTī flat bread cooked in a clay oven

TamāTar lahsan nān garlic and tomato nan

uttapam thick rice pancake

often cooked with onions
(Southern India)

Chicken and Chicken Dishes

ālū murgī chicken cooked
with potatoes
kāshmīrī murg Kashmiri
chicken
madrās murg chicken Madras
– chicken pieces with spices,
onions, garlic and ginger
(Southern India)
masāledar murgī chicken in a
red (bell) pepper sauce
methī murgī chicken cooked
with fenugreek leaves
murg dāl chicken cooked
with pulses
murgī chicken
murgī rasedār chicken curry
with gravy
**murg makkhanī, makkhanī
murgī** chicken in a rich
butter sauce
murg musallam whole
chicken baked in the oven
(Mughlai)
murg sāg chicken cooked
with spinach
nāriyal murgī chicken cooked
with coconut cream (Southern
India)
pasanda murg chicken with
yoghurt and ground almond
sauce (Pakistan)
sāg vālī murgī chicken cooked

with spinach
shahjahāni murgī chicken
cooked with almonds and
sultanas
shakūthi chicken with roasted
coconut (Goa)

Chutneys, Pickles, Condiments

ām kā achār mango pickle
ām kī chaTnī mango chutney
ām kī mīThī khaTTī chaTnī
sweet and sour mango
chutney
chaTnī chutney
hare dhaniye kī chaTnī fresh
coriander chutney
harī mirch chaTnī green chilli
chutney
kālī mirch black pepper
khūbāni chaTnī apricot
chutney
mirch pepper
mīThā khaTTā āchār sweet and
sour pickle
namak salt
nimbū kā āchār lime pickle
pudīnā chaTnī mint chutney
sabzī kā āchār mixed
vegetable pickle
**seb, ārū awr khūbānī kī
chaTnī** apple, peach and
apricot chutney
sōnth sweet and sour sauce
made from tamarind
subje white coconut chutney

195

Cooking Methods, Types of Dish

bhājī curry; vegetables
bhunā (huā) roasted; grilled
biryanī rice cooked with meat, chicken or vegetables and served with a sauce; the cooked rice is layered over the meat or vegetables
chaTpaTā spicy
dam steamed
garam hot
halka mild, moderately hot
jalfrezi with tomatoes and green chilli; medium-hot
jhal very hot and spicy
kaRāhī method of cooking meat with dry masala; indicates dishes of medium strength
kaRva bitter
khaTmīThā sweet and sour
khaTTā sour
kōrmā meat braised in a mild yoghurt sauce
mīThā sweet
molee hot curry (usually fish) with coconut (Kerala)
mughlai mild, creamy Mughlai recipe
namkīn salty; savoury
pathia hot thickened curry with lemon juice
talā huā fried
tandūrī traditionally tandoori dishes were cooked in a clay oven, but nowadays are generally cooked in any oven
tez strong; hot and spicy
tikkā pieces of boneless meat (usually chicken breast) marinated in yoghurt, herbs and spices and traditionally cooked in a clay oven
tikkā masālā tikka in a medium-strength sauce

Desserts, Sweets/Candies, Biscuits, Cakes

āiskrīm ice cream
barfī fudge made from milk which has been boiled down and condensed
besan laDDū sweet chickpea/garbanzo flour balls
bhāng kulfi hashish ice cream
chhenā sweet/candy made from thick curdled milk
dudh peRā barfi balls
gājar kā halvā halva made from carrots and cream
gulab jamun deep-fried sponge ball soaked in syrup
halvā type of sweet/candy made from semolina, fruit or vegetables, ghee and sugar
jalebī curly-shaped deep-fried sweet/candy made from flour and soaked in syrup
khōyā milk thickened by boiling, used in making

sweets/candies

kulfī Indian ice cream

laDDū sweet/candy made from semolina, chickpea/garbanzo flour, raisins and sugar

malāi kulfī cardamom ice cream

miThāī dessert, pudding; sweets, candies

peRā type of sweet/candy (Bengal)

rasgullā balls of soft cream cheese soaked in syrup (Bengal)

ras malāi balls of cream cheese flavoured with rosewater and soaked in cream (Northern India)

sandesh type of sweet/candy made from cream cheese, nuts and sugar (Bengal)

Eggs and Egg Dishes

anDā egg

anDe kī bhājī hard-boiled eggs in a curry

anDe vindalū hard-boiled eggs in a very hot curry

ekūri spicy scrambled eggs (Bombay)

Khūb ublā anDā hard-boiled egg

malāidar anDe hard-boiled eggs in a spicy cream sauce

ublā anDā boiled egg

Fish and Fish Dishes

bōmbay duck dried bummelo fish

dahī macchī mild fish curry with yoghurt, ginger and turmeric (Bengal)

hare masāle vālī macchī grilled fish with lemon and fresh coriander

jhīngā prawns

kekRā crab

khaT mīThi macchī sweet and sour fish

macchī, machhlī fish

masāledār macchī fried spicy fish

mācher jhōl mild fish stew (Bengal)

pōmfret type of flatfish

tali macchī fried fish with spices

TamāTar macchī fish in spicy tomato sauce

Fruit and Nuts

akhrōT walnut

amrūd guava

anānās pineapple

angūr grapes

anjīr figs

ām mango

āRū peach

bādām almond

chakōtrā grapefruit

chiku type of fruit; resembles a kiwi in appearance and

tastes a bit like a pear
giridār mevā nuts
kāgzī nību lime
kājū cashew
kelā banana; plantain
khajūr dates
khūbānī apricot
Kharbūzā melon
mūngphalī peanuts
nāriyal coconut
nāshpātī pear
nību lemon; lime
pahārī bādām hazelnuts
pān chopped or shredded
betel nut wrapped in a leaf,
used as an aid to digestion
pān masālā mix of betel nut,
fennel seeds, sweets/candies
and flavourings
phal fruit
pistā pistachio
rasbharī raspberry
santarā orange
seb apple
sTrābarī strawberry
supārī betel nut
tarbūz water melon

Lamb and Lamb Dishes

ālū meat lamb and potato
curry (Delhi)
bheR kā gōsht lamb
dō piazā lamb curry with
onions
gōsht meat, usually mutton
kāshmīrī kōfte Kashmiri

meatballs
kāshmīrī rōgan jōsh Kashmiri
red lamb curry
kāshmīrī yakhni Kashmiri
lamb curry
kīmā meat; minced lamb
kīmā kōfta meatball curry
kīmā maTar minced lamb
with peas
kōfte meatballs
malāi kōfta meat balls cooked
in creamy sauce
pudine vālā kīma fried minced
lamb with mint
rān masāledar whole leg of
lamb in a spicy yoghurt
sauce
rōgan jōsh red lamb curry in
a sauce made from spices,
onions, garlic, ginger and
ground almonds
sāg vālā meat lamb curry
with spinach
shabdeg lamb with turnips
(Mughlai)
shāhi kōrma 'royal' lamb in a
rich creamy almond sauce

Meat

bheR kā gōsht lamb
chawp minced meat or
vegetables surrounded by
breaded mashed potatoes
cutlet minced meat or
vegetable burgers
dam meat steamed meat
gāy kā gōsht beef
gōsht meat, usually mutton
kīmā meat; minced lamb

mangsho meat curry (Bengal)
mās meat
momo meat dumpling (Tibetan
   and Bhotian)
murgī chicken
sūar kā gōsht pork

Pork and Pork Dishes

ālū vālā gōsht pork and
   potato curry
chane vālā gōsht pork chops
   with chickpeas/garbanzos
sūar kā gōsht pork
vindalū pôrk very hot and
   sour pork curry (Goa)

Preserves

ām kā lacchā green mango
   preserve
ām kā murabbā mango
   preserve
gājar kā murabbā carrot
   preserve
karōnda murabbā gooseberry
   preserve
murabbā fruit preserve

Pulses

batak vālī dāl duck cooked
   with pulses
chanā chickpeas, garbanzos
chanā dāl split chickpeas/
   garbanzos
chanā masālā spicy
chickpeas/garbanzos
chanā sabut whole
   chickpeas/garbanzos
dāl pulses
dāl awr anDe vāle kōfte deep-
   fried egg and lentil balls in
   batter
dāl gōsht meat cooked in
   lentils
dāl tarka pulses with lots
   of fried onions, garlic and
   ginger
dhansak medium-hot meat
   and lentil curry (Parsi)
gōsht dāl beef with pulses
   (Pakistan)
jhīngā vālī dāl prawns with
   pulses
kīma dāl minced meat with
   pulses (Pakistan)
lōbhiā black-eyed beans
lōbhiā awr khumbī black-eyed
   beans with mushrooms
mah sabut dāl split black peas
masūr dāl split red lentils
meat dāl lamb with pulses
   (Pakistan)
murg dāl chicken with pulses
   (Pakistan)
mūng dāl whole green lentils
ravan black-eyed beans
rājmā red kidney beans
sabjī vālī dāl vegetables and
   pulses cooked together
sāmbar wet lentil and
   vegetable curry with
   asafoetida and tamarind
   (Southern India)
taRkā dāl lentils with a

dressing of fried garlic, onions and spices
vaDā doughnut-shaped deep-fried lentil cake

Rice

anDe pulāv rice with eggs and fried onions
bhāt boiled rice
chanā dāl khichrī rice with yellow split peas
chanā pulāv rice with chickpeas/garbanzos
chāval rice
Hyderabad pulāv Hyderabad rice
jhīṅgā pulāv rice with prawns
kāshmīrī pulāv rice with spices
kesar chāval saffron rice
khumbī pulāv rice with mushrooms
kīma pulāv rice with minced meat
macchī pulāv rice with fish
masāledar bāsmatī chāval Basmati rice with spices
maTar pulāv rice with peas
meat pulāv rice with lamb
mīṭha pulāv rice with almonds, sultanas and sugar
murgī pulāv rice with chicken
pīle chāval saffron rice with spices
pulāv rice gently spiced and fried
pyāj pulāv rice with onions
sabjī pulāv rice with

vegetables
sāde chāval plain rice
uble chāval boiled rice

Salads

gājar awr piyaz kā salād carrot and onion salad
gujarāti gājar kā salād carrot salad (Gujarat)
kachumbar tomato, onion, cucumber and fresh coriander relish
pyāj kā lachchā onion relish
sem kā salād bean salad

Snacks

ālū tikkī potato patties
chanā chūRā dry spicy snack mix similar to Bombay mix
chevRā dry spicy snack mix similar to Bombay mix
gāthia similar to seviya but made in pasta-like shapes
gōl gappe very thin crispy wafers
kachōrī stuffed savoury fritters
kīma samōse minced meat samosas
maTThī deep-fried crunchy savoury biscuits
ōniōn bhājī onions deep-fried in batter made from chickpea/garbanzo flour
pakōRe chopped vegetables dipped in chickpea/

garbanzo flour batter and deep-fried

panīr pakōRe Indian cheese pakoras

pāpRi small savoury fried disc-shaped snacks, made from wheat flour batter

pāpRi chāT spicy papris

phal kī chāT spicy fruit salad

samōse meat or vegetables in a pastry triangle, fried

seviya deep-fried crunchy chickpea/garbanzo noodles

Spices, Herbs

adrak ginger

dālchīnī cinnamon

dhaniyā coriander

garam masālā combination of black pepper and other spices

haldī turmeric

harā dhaniyā fresh coriander

harī mirch green chilli

ilāychī cardamom

imlī tamarind

jīra cumin

kālī mirch black pepper

lāl mirch red chilli

lawng cloves

masālā mix of spices; spice

methī fenugreek leaves

mirch chilli

mīTha masālā mix of sweet spices

pudīnā mint

Starters, Soups

achār pickles

ālū maTar samōsā pea and potato samosa

ālū pakōRā potato pakora

ālū samōsā potato samosa

bhunā murgi large pieces of chicken cooked in the oven with yoghurt and spices

kāshmīrī kabāb minced meat and chicken, barbecued

meat kā samōsā minced meat or chicken samosa

mulligatawny curried vegetable soup

murg pakōRā chicken pakora

nargis kabāb minced meat kebab

pakōRe onion pakora – onions in chickpea/garbanzo flour batter, deep-fried

pāpaR poppadum – plain or spiced thin crisp cracker made from chickpea/garbanzo flour

reshmi kabāb minced meat and spices

sabji pakōRā vegetables deep fried in batter

shami kabāb small minced lamb cutlets, cooked in the oven

sīkh kabāb, shīk kabāb minced lamb grilled on a skewer

thukpa meat soup (Tibetan and Bhotian)

Tandoori Dishes

lahsun vālī tandūrī murg tandoori garlic chicken

masāledār tandūrī jhīngā king prawns in a spicy sauce

masāledār tandūrī lamb chawp lamb chop cooked in the oven in a spicy sauce

masāledār tandūrī macchī fish cooked in the oven in a spicy sauce

masāledār tandūrī tikkā murg boneless pieces of chicken breast cooked in the oven in a spicy sauce

pūrī tandūrī murgī whole tandoori chicken

shīsh kabāb shish kebab, small pieces of meat and vegetables on skewers

special tikkā murgī chicken tikka special

tandūrī traditionally tandoori dishes were baked in a clay oven, but nowadays are generally baked in any oven

tandūrī chicken chicken marinated in yoghurt, herbs and spices and cooked in the oven

tandūrī jhīngā tandoori king prawns

tandūrī macchī tandoori fish

tandūrī masālā murg tandoori chicken in a spicy sauce

tandūrī murg(i) tandoori chicken

tandūrī special tikkā tandoori lamb tikka special

tandūrī tikkā meat boneless pieces of lamb marinated in yoghurt, herbs and spices and cooked in the oven

tandūrī tikkā murg boneless pieces of chicken, marinated in yohurt, herbs and spices and cooked in the oven

tikkā pieces of boneless meat (usually chicken breast) marinated in yoghurt, herbs and spices and traditionally cooked in a clay oven

tikkā meat lamb marinated in yoghurt and cooked in oven with spices

tikkā murg chicken breast marinated in yoghurt and cooked in the oven with spices

Vegetable Dishes

These mostly originate from Northern India, but may also be found in other parts of India and Pakistan.

ālū bᴀgan potato and aubergine/eggplant curry

ālū bᴀgan kī bhājī aubergine/ eggplant cooked with potatoes

ālū bhājī potatoes in tomato sauce

ālū maᴛar (kī bhājī) potatoes cooked with peas, tomatoes, spices, onion and garlic

ālū methī potatoes with fenugreek leaves

ālū panīr potatoes cooked with Indian cheese

ālū sāg potatoes with spinach

bagari phūl gōbhī cauliflower with fennel and mustard seeds (Gujarat)

band gōbhī awr maTar bhājī cabbage cooked with peas (Punjab)

bAgan achārī aubergine/eggplant cooked in pickling spices

bAgan bhartā whole oven-baked aubergine/eggplant mashed and cooked with onions, tomatoes and spices (Punjab)

bAgan simlā-mirch TamāTar sabjī aubergine/eggplant, (bell) pepper and tomato curry

bhājī vegetables; curry

bhinDī bhājī okra/gumbo curry

bōmbay ālū potato curry

dam arbī yam curry

dam ālū whole potatoes steamed with spices, yoghurt and almonds

gājar, maTar awr gōbhī kī bhājī mixed vegetable curry (Bengal)

gōbhī ālū cauliflower and potatoes

gōbhī musallam whole cauliflower baked in the oven

kaddū kī bhājī green pumpkin curry

karelā bhājī bitter gourd curry

khumbī bhājī mushroom curry

kofta balls of minced vegetables in a curry

kundrū bhājī curry made with a green vegetable that looks like a large gooseberry

kutchhi bhinDī sweet and sour okra/gumbo

malāi koftā vegetable kebabs in a rich cream sauce, medium-mild

masāledār sem spicy green beans

peTha yellow pumpkin curry

phūl gōbhī awr ālū kī bhājī cauliflower and potato curry

phūl gōbhī kī bhājī cauliflower curry with onion and tomato

rasedār khumbī ālū mushrooms and potatoes in tomato, garlic and ginger sauce

rasedār shalgam turnip in tomato sauce

sabji vegetable curry; vegetable

sambhara cabbage with carrots and spices (Gujarat)

sāg ālū spinach and potato curry

sāg panīr spinach with Indian cheese

shōrbedār TamāTar thin sauce

made from stewed tomatoes
sūkhe shalgam grated turnip
cooked with spices
talā huā bAgan fried
aubergine/eggplant slices
tōri bhājī marrow/squash
curry

Vegetables

ālū potatoes
ālū ke katle chips, French
fries
baRī sem broad beans
bAgan aubergine, eggplant
bhinDi okra, gumbo
brinjal aubergine, eggplant
chhōTī sem French beans
gājar carrot
gōbhī cauliflower
kaddū green pumpkin
karela bitter gourd
kāhū lettuce
khīrā cucumber
khumbī mushrooms
kundrū green vegetable that
looks like a large gooseberry
lahsan garlic
lasoon garlic
maTar peas
mūlī mooli, white radish
palak spinach
pattā gōbhī cabbage
pAtha yellow pumpkin
pyāj onion
sabji vegetable; vegetable
curry
sabziyā vegetables
sāg spinach; greens

sarson kā sāg mustard-leaf
greens (Punjab, Northern India)
sem beans
sem phalī green beans
shalgam turnip
shimlā mirch (bell) pepper
tōri marrow, squash
TamāTar tomato

Yoghurt

akhrōT kā rāytā yoghurt with
walnuts and fresh
coriander
ālū rāytā yoghurt with
potatoes
bAgan kā rāytā yoghurt with
aubergine/eggplant
būndī kā rāytā yoghurt with
small dumplings made of
chickpea/garbanzo flour
dahī plain yoghurt
dahī vaRā yoghurt with lentil
fritters
khīre kā rāytā yoghurt with
cucumber

Menu Reader:
Drink

Essential Terms

beer bīyar
bottle bōʈal
coffee kahvā, kāfī
cup pyālā
fruit juice phal kā ras
glass gilās
milk dūdh
mineral water bōʈal vālā pānī
soda (water) sōḍa vāʈar
soft drink ʈhanḍā
sugar chīnī
tea chāy
tonic (water) ʈānik vāʈar
water pānī

another ..., please ek awr ... dījiye
a cup of-... ek pyālā-... de
a glass of ... ek gilās ...

Alcoholic Drinks

arak locally distilled spirit
bīyar beer
chang beer made from millet (Bhotian)
fene spirit distilled from coconut or cashew nuts (Goa)
lāgar bīyar lager
tadd date palm wine (Bengal)
toddy palm wine (Kerala)
tumba drink made from fermented millet and hot water (Bhotian)

Soft Drinks

barfīlī chāy iced tea
barf vālī chāy iced tea
bōTal vālā pānī bottled water
chakōtre kā ras grapefruit juice
chāy tea
dūdh milk
falūdā milk-shake with ice cream and nuts
gōlgappā pānī very spicy drink usually served with gōlgappas and pāpris
jīrā pānī appetizer made from tamarind and cumin seed
kahvā coffee
kāfī coffee
lassī yoghurt drink
masālā chāy spiced tea
nībū pānī lemon squash
pānī water
ras juice
santare kā ras orange juice

sharbat bādām almond sherbet
sharbat cold drink prepared from barks, flowers or resins, sugar and water
sharbat gulāb rose petal and rose water sherbet
sharbat sandal sandalwood-flavoured sherbet

Other Terms

barf ice
barf Dālkar with ice
bīnā barf kī without ice
bīnā chīnī kī without sugar
bīnā sharāb vālā non-alcoholic
chīnī sugar
dāru alcoholic drink
mādak alcoholic
sharāb drink; alcohol
sharāb vālā alcoholic
ThanDā cool; cold; soft drink

How the
Language
Works

Pronunciation

Throughout this book, Hindi and Urdu words have been transliterated into romanized form so that they can be read as though they were English, bearing in mind the notes on pronunciation given below. A number of Hindi/Urdu sounds have no exact equivalent in English: ask someone to say them for you.

Vowels

a	as in about, like unstressed English **a**
ā	**a** as in far
A	**a** as in mat
ai	as in Th**ai**
aw	as in **awe**
e	long **e** sound somewhere between the bold characters in **air** or m**ay**, similar to the **a** in c**a**ble
i	as in b**i**t
ī	**ee** as in n**ee**d
ō	like the **oa** in m**oa**n
u	as in p**u**t
ū	**oo** as in f**oo**l

Nasal Vowels

Hindi and Urdu vowels are sometimes nasalized, that is they are pronounced as if followed by a slight **ng** sound, similar to the nasal sound as at the end of the French pronunciation of restaurant. In this book nasal vowels are shown in bold type.

Consonants

Unless listed below, consonants are pronounced more or less as in English:

d	similar to the **th** in **the** (**d** pronounced with the tongue against the teeth
D	similar to **d** as in **d**one (**d** pronounced with the tongue back against the roof of the mouth)

211

h	**h** as in English or can be part of ch or sh as in English; elsewhere it indicates a breathy sound
k	short **k** sound as in s**k**in
kh	**k** as above but with a breathy sound
ĸ	similar to **ch** as in the Scottish word lo**ch** (like k but pronounced further back in the throat)
ĸh	**ĸ** as above but with a breathy sound
r	similar to English **r** but rolled slightly
ʀ	**r** pronounced with the tongue back against the roof of the mouth with a flap of the tongue
ʀh	**ʀ** as above but with a breathy sound
t	**t** pronounced with the tongue against the teeth
ᴛ	**t** pronounced with the tongue back against the roof of the mouth

In the English-Hindi/Urdu section, English words used in Hindi/Urdu, but pronounced as in English are shown in quotes, for example 'TV' and 'inch'.

Abbreviations

adj	adjective	masc	masculine
fam	familiar	pl	plural
fem	feminine	pol	polite
lit	literally	sing	singular

Notes

India has fifteen main languages and around seven hundred minor languages and dialects. Hindi is widely spoken and understood everywhere, except in the far south. Urdu (the official language of Pakistan) is also widely spoken in India. Spoken Hindi and Urdu are generally very similar – the main difference between them is that Hindi is written in Devanagri script and Urdu is written in the Perso-Arabic script (which is read from right to left). Most of the words and phrases in this book will be understood by both Hindi and Urdu speakers; however, (H) in the text means the word is Hindi only and (U) means the word is Urdu only.

An asterisk next to a word in the English-Hindi/Urdu section means that you should refer to the **How the Language Works** section for further information.

In the Hindi/Urdu-English section of this book, alphabetical order is as follows:

a, ā, A, b, ch, d, D, e, f, g, h, i, ī, j, k, K, l, m, n, ō, p, r, R, s, t, T, u, ū, v, y, z

Word order

The word order of a basic sentence in Hindi and Urdu is:

subject – object – verb

Any negatives are positioned just before the verb at the end:

mA chiTThī likhūgā
I'll write a letter
lit: I letter will write

mA chiTThī nahī likhūgā
I won't write a letter
lit: I letter will not write

Articles

There are no definite or indefinite articles in Hindi or Urdu. Context determines whether, for example,

hāthī means 'an elephant' or 'the elephant'.

■ Nouns

Genders

Nouns in Hindi and Urdu have one of two genders, masculine or feminine.

There are two types of masculine noun:

type 1   nouns ending in **-ā**
type 2   nouns not ending in **-ā**

beTā	**bhāi**
son	brother

There are also two types of feminine noun:

type 1   nouns ending in **-ī**
type 2   nouns not ending in **-ī**

beTī	**bahan**
daughter	sister

Natural gender dictates the grammatical gender.

Plurals

The plural of type 1 masculine nouns is formed by changing the final **-ā** to **-e**:

beTā	**beTe**
son	sons

The plural of type 2 masculine nouns is the same as the singular:

bhāi	**bhāi**
brother	brothers

The plural of type 1 feminine nouns is formed by changing the final **-ī** to **-iyā**:

beTī	**beTiyā**
daughter	daughters

The plural of type 2 feminine nouns is formed by adding **-e**:

bahan	**bahane**
sister	sisters

Cases

There are two cases in Hindi and Urdu. These are the direct and the oblique. The oblique form is used when there is a word like **kā** (of) or **kō** (to) (see page 219) after the noun:

mere beTe kā	**merī beTī kō**
of my son	to my daughter

The endings for these forms are:

masculine type 1

	sing	pl		sing	pl
direct	**beTā**	**beTe**	oblique	**beTe**	**beTō**
	son	sons		son	sons

masculine type 2

	sing	pl		sing	pl
direct	**bhāi**	**bhāi**	oblique	**bhāi**	**bhāiyō**
	brother	brothers		brother	brothers

feminine type 1

	sing	pl		sing	pl
direct	**beTī**	**beTiyā**	oblique	**beTī**	**beTiyōō**
	daughter	daughters		daughter	daughters

feminine type 2

	sing	pl		sing	pl
direct	**bahan**	**bahane**	oblique	**bahan**	**bahanō**
	sister	sisters		sister	sisters

Adjectives

Adjectives can be divided into two categories: those that change forms with the nouns they qualify and those that do not change form at all. When adjectives do change form, the ending -ā becomes -ī or -e according to the number, gender and case of the noun.

acchhā (good) is an adjective that changes:

	sing	pl
masc	**acchhā kamrā**	**acchhe kamre**
	good room	good rooms
fem	**acchhī gāRī**	**acchhī gāRīā**
	good train	good trains

mashhūr (famous) is an adjective that does not change:

	sing	pl
masc	**mashhūr hōtal**	**mashhūr hōtal**
	famous hotel	famous hotels
fem	**mashhūr gāRī**	**mashhūr gāRīyā**
	famous train	famous trains

Note that, for adjectives which change, the feminine form stays the same in the singular and the plural.

Comparatives

In Hindi and Urdu there are no special separate forms like 'better' or 'best' in English:

ravi ashōk se chhōTā hA
Ravi is smaller than Ashok
lit: Ravi Ashok than small is

ashōk ravi se chhōTā hA
Ashok is smaller than Ravi

is se sastā dikhāiye
can you show me some cheaper ones?

You can use **zyādā** (more, much) or **kam** (less) where no direct comparison is made:

ye zyadā mahangā hA
this is more expensive

For the superlative **sabse** (above all) precedes the adjective:

ye sabse acchā hA
this is the best

Demonstratives

Demonstrative adjectives and pronouns are the same:

sing		pl	
this	**ye**	these	**ye**
that	**vō**	those	**ve**

ye kyā hA?	**ye kamrā**
what's this?	this room

When used with oblique case nouns, demonstratives take the oblique case form of third person pronouns:

sing		pl	
this	**is**	these	**in**
that	**us**	those	**un**

is kamre kā kirāyā kyā hA?
what is the rent for this room?

merā dōst us hōTal me hA
my friend is in that hotel

Possessives

There is no distinction between possessive pronouns and possessive adjectives, between, for example, 'my/mine', 'your/yours':

merā	my/mine	**uskā** (far)	his, her/hers
tumhārā	your/yours (fam)	**hāmārā**	our/ours
āpkā	your/yours (pol)	**inkā** (near)	their/theirs
iskā (near)	his, her/hers	**unkā** (far)	their/theirs

Possessives follow the same rules for agreement as adjectives ending in -ā:

ye āpkā kamrā hA
this is your room

ye āpkī chābī hA
this is your key

āpke kamre me
in your room

Reflexive Form

The form **apnā** refers to the person who is the subject of the verb. It is used when the person referred to is the same as the subject of the main verb:

apnā pāspōrT dikhāiye
show me your passport please

Although **āp** (you) is not given in this sentence, it is implied. It differs from:

āpkā pāspōrT kahā hA?
where is your passport?

Postpositions

English prepositions (in, on, with etc) are placed before nouns and pronouns. In Hindi and Urdu they are placed after nouns and pronouns and are called 'postpositions'. They may be simple, one-word postpositions or compound postpositions, made up of more than one word. Examples are:

simple		compound	
kō	to	ke pās	at
kā	of	ke sāth	with
me	in	ke liye	for
par	at	ke bāhar	outside
se	from, by	ke andar	inside
ne	'agent marker'		
tak	until, up to		

Nouns and pronouns take the oblique case when they are followed by a postposition:

> uske kamre me
> in his/her room

> saRak par
> on the road

> gāRī se
> by train

> dōst ke sāth
> with a friend

> jApur ke liye
> for Jaipur

The word kō is used to mark times of the day and days of the week, where English uses 'on' or 'at':

āp shām kō kyā kar rahe hA?
what are you doing in the evening?

āp itvār kō kitne baje jāyegi?
at what time will you be leaving on Sunday?

Pronouns

I	mA	we		ham
you (fam)	tum	they	(near)	ye
you (pol)	āp		(far)	ve, vō
he/she/it	(near) ye			
	(far) vō			

mA bhūl jātā hū
I forget

kyā vō ārahā hA?
is he coming?

There is no distinction of gender in Hindi or Urdu pronouns. So, for example, **vō** can mean either 'he' or 'she'. It is the verb that indicates masculinity or femininity:

vō kahā rahtā hA?
where does he live?

vō kahā rahtī hA?
where does she live?

The third person pronouns (he/she/it and they) have two forms. Which is used depends on the distance of the person referred to from the person speaking. The **ye** form is used when the person or object being referred to is physically near to the speaker. The **vō/ve** form is used if the person or object is not physically near or present. If you use the wrong form, if, say, you use the 'far' form to refer to someone who is standing close by, it is considered rude. In the English-Hindi/Urdu section we have generally given the 'nearby' form (unless the phrase obviously relates to someone further away or not present).

These forms are also used as emphatic pronouns in the following type of expression:

kawn? – ye
who? – them

mA?
me?

Pronouns, like nouns, have different forms for the oblique case:

me	mujhkō, mujhe
you (fam)	tumkō, tumhe
you (pol)	āpkō
him/her/it (near)	iskō, ise
(far)	uskō, use
us	hamkō, hame
them (near)	inkō, inhe
(far)	unkō, unhe

In each of the above, the second form is a shortened form of the first and is more usual in conversation.

mA uskō/use jāntā hū
I know him

āp mujhkō/mujhe sun sakte hA?
can you hear me?

mA use le āūgā
I'll fetch him

The following forms are used in combination with many postpositions:

me	mujh	us	ham
you (fam)	tum	them (near)	in
you (pol)	āp	(far)	un
him/her/it (near)	is		
(far)	us		

ye uske liye hA
this is for him

mujh se
from me

unke sāth
with them

Although sometimes Hindi uses a form of the possessive pronoun where English uses a pronoun:

ye mere liye hA
that's for me

The second person pronoun also has a **tū** form. Use of this **tū** form shows either intimacy or disrespect and is best avoided by non-native speakers.

The **tum** form is used in familiar relationships among people who are equal in age and status. To avoid embarrassment it is safer to use the **āp** form in all situations, unless you are sure of the reciprocity of the relationship. This book uses the **āp** form in all the dialogues.

Polite forms

To show respect when using the third person, plural forms are used:

ye Indirā hA	**inkā nām Indirā hA**
this is Indira	her name is Indira
(plural form **hA**)	

In the last example respect is shown by the use of **inkā** (a plural form) as against **iskā** (the singular form).

Verbs

The infinitive form of a Hindi or Urdu verb is, for example:

uThnā	to get up
hōnā	to be

The suffix **nā** corresponds to the English 'to'. The stem of a verb is derived by dropping the **nā** suffix:

infinitive	stem
uThnā	uTh
hōnā	hō

Simple Present

For the simple present tense, which is used to denote habitual actions, the verb consists of three parts:

(**uThnā** to get up)

verb stem +	imperfect suffix +	tense marker
uTh	-tā, -tī, -te	hū̃, hA, hA

The second part of the verb agrees in number and gender with the subject of the verb. The third part of the verb agrees in person and number with the subject of the verb.

first person

	I	we
masc	mA uThtā hū	ham uThte hA
fem	mA uThtī hū	ham uThtī hA

second person — sing & pl
you

masc	āp uThte hA
fem	āp uThtī hA

third person

	he	they
masc	ye/vō uThtā hA	ye/ve uThte hA
	she	they
fem	ye/vō uThtī hA	ye/ve uThtī hA

vō sāt baje uThtā hA
he gets up at 7 o'clock

vō sāt baje uThtī hA
she gets up at 7 o'clock

ve sāt baje uThte hA
they get up at 7 o'clock (masc)

ve sāt baje uThtī hA
they get up at 7 o'clock (fem)

Present Continuous

The verb in the present continuous tense consists of three parts:

verb stem +
perfect of auxiliary rahnā +
simple present of hōnā (hū, hA, hA).

The second part, the perfect of the auxiliary verb rahnā, is inflected for number and gender. It gives the sense of the English '-ing'.

The third part, the simple present of the verb hōnā (to be), is inflected for number and person.

(uThnā to get up)

first person

	I	we
masc	mA uTh rahā hū̄	ham uTh rahe hA
fem	mA uTh rahī hū̄	ham uTh rahī hA

second person   sing & pl

	you	
masc	āp uTh rahe hA	
fem	āp uTh rahī hA	

third person

	he	they
masc	ye/vō uTh rahā hA	ye/ve uTh rahe hA
	she	they
fem	ye/vō uTh rahī hA	ye/ve uTh rahī hA

vō ab uTh rahā hA

he is getting up now

vō ab uTh rahī hA

she is getting up now

Past Imperfect

The past imperfect tense, which denotes the sense of 'used to', is formed in the same way as the present simple except for the third part, where the past tense of **hōnā** is used:

verb stem +	imperfect suffix +	tense marker
uTh	-tā, -tī, -te	thā, thī, the, thī

The third part is inflected for gender and number:

vō sāt baje uThtā thā

he used to get up at 7 o'clock

vō sāt baje uThtī thī

she used to get up at 7 o'clock

ve sāt baje uThte the

they used to get up at 7 o'clock (masc)

ve sāt baje uThtī thī

they used to get up at 7 o'clock (fem)

Past Perfect (Intransitive)

The past perfect of intransitive verbs is formed with two parts:

verb stem +	suffixes
uTh	-ā, -ī, -e

The suffixes agree in gender and number with the subject of the verb:

vō sāt baje uThā
he got up at 7 o'clock

vō sāt baje uThī
she got up at 7 o'clock

ve sāt baje uThe
they got up at 7 o'clock (masc)

ve sāt baje uThī
they got up at 7 o'clock (fem)

This tense is used for completed actions in the past.

Past Perfect (Transitive)

Transitive verbs in the past perfect take the postposition **ne** after the subject. In this tense the verb agrees not with the subject but with the object. So for example, with the subject **usne** (he/she) and the verb **khānā** (stem **khā**):

usne āTh baje nāshtā khāyā
he/she ate breakfast at 8 o'clock

Note that when the stem ends in **-ā**, a **y** is inserted before any endings.

Present Perfect

The present perfect is similar in structure to the past perfect except that a third part is added. This is the present tense of **hōnā**:

The verb agrees with its subject in number and gender:

mA abhī uThā hū
I have just got up

vō abhī uThā hA
he has just got up

vō abhī uThī hA
she has just got up

ve abhī uThe hA
they have just got up (masc)

ve abhī uThī hA
they have just got up (fem)

As with the past perfect, the verb does not agree with its subject in transitive uses:

usne nāshtā khāyā hA
he/she has eaten breakfast

Past Continuous

The first two parts are the same as in the present continuous. A third part is added which is the past tense of **hōnā**, ie **thā, thī, the**:

vō uTh rahā thā
he was getting up

vō uTh rahī thī
she was getting up

ham uTh rahe the
we were getting up

Future

The future tense consists of three parts:

verb stem +   suffix **-ū**, **-e**, **e** or **-ō** +   **-gā, -ge, -gī**

The second part agrees with the subject in number and person.

The third part agrees with the subject in gender and number:

(**uThnā** to get up)
first person

	I	we
masc	**mA uThūgā**	**ham uThege**
fem	**mA uThūgī**	**ham uThegī**

second person	sing & pl polite	
	you	
masc	**āp uThege**	
fem	**āp uThegī**	
second person	sing & pl familiar	
	you	
masc	**tum uThōge**	
fem	**tum uThōgī**	
third person		
	he	they
masc	**ye/vō uThegā**	**ye/ve uThege**
	she	they
fem	**ye/vō uThegī**	**ye/ve uThegī**

mA uThūgā   **ham uThege**
I'll get up   we'll get up

Subjunctive

The subjunctive is commonly used in Hindi and Urdu to express a wish, request, uncertainty or a possibility. By dropping the ending -gā, -ge or -gī from the future tense you are left with the subjunctive form:

mA uThū?
should I get up?

Infinitive

The infinitive can be used to express commands, intentions or obligation:

(**lenā** to take)
davā dō bār lenā
take the medicine twice a day

(**jānā** to go)
mujhe manālī jānā hA
I want to go to Manali

(**milnā** to see)
mujhe das baje dākTar se milnā hA
I have to see the doctor at 10 o'clock

227

The infinitive followed by the verb **chāhiye** gives the sense of 'ought' or 'should':

> **mujhe ab ghar jānā chāhiye**
> I should go home now

Imperatives

Polite requests and commands, when English uses 'please', can be expressed in Hindi and Urdu by adding **-iye** to the verb stem:

> (**ānā** to come)
> **andar āiye**
> please come in

The familiar imperative is formed by adding **-ō** to the verb stem:

> (**ruknā** to stop)   (**jānā** to go)
> **yahā rukō!**   **jāō!**
> stop here!   go away!

Negatives

To make a verb negative the word **nahī** is placed before the verb. In negative sentences in the simple present and the present continuous the third part of the auxiliary **hōnā** is often omitted:

> **mA yahā nahī rahtā (hū)**   **mujhe ye mālūm nahī (hA)**
> I don't live here   I didn't know that

> **vō abhī tak nahī uThī**
> she hasn't got up yet

In imperatives **nahī** is replaced by **na**:

> **itnī jaldī na bōliye**
> please don't speak so fast

A stronger negative imperative can be expressed by **mat**:

merā intzār mat karō
don't wait for me

'To Be'

The verb **hōnā** (to be) is used in Hindi and in Urdu both as a main verb and as an auxiliary. It differs from other verbs in its pattern:

present

I am		**mA hū**
you are	(fam)	**tum hō**
	(pol)	**āp hA**
he/she/it is		**ye/vō hA**
we are		**ham hA**
they are		**ye/ve hA**

past

I was	(masc)	**mA thā**
	(fem)	**mA thī**
you were	(fam, masc)	**tum the**
	(fam, fem)	**tum thī**
	(pol, masc)	**āp the**
	(pol, fem)	**āp thī**
he/she/it was	(masc)	**ye/vō thā**
	(fem)	**ye/vō thī**
we were	(masc)	**ham the**
	(fem)	**ham thī**
they were	(masc)	**ye/ve the**
	(fem)	**ye/ve thī**

future

I will be	(masc)	**mA hū̃gā**
	(fem)	**mA hū̃gī**
you will be	(fam, masc)	**tum hōge**
	(fam, fem)	**tum hōgī**
	(pol, masc)	**āp hōge**
	(pol, fem)	**āp hōgī**
he will be		**ye/vō hōgā**
she will be		**ye/vō hōgī**
we will be	(masc)	**ham hōge**
	(fem)	**ham hōgī**
they will be	(masc)	**ye/ve hōge**
	(fem)	**ye/ve hōgī**

'To Have'

Hindi and Urdu have no exact equivalent to the English verb 'to have':

> **mere dō bhāi hA**
> I have two brothers
> lit: my two brothers are

This structure is used when the objects of 'to have' are persons or non-movable possessions (like houses, parts of the body).

With movable objects, if ownership is not implied, **ke pās** is used:

> **āpke pās pAnsil hA?**
> have you got a pencil?
> lit: your near pencil is?

> **mere pās pAnsil nahī̃**
> I haven't got a pencil
> lit: my near pencil is not

Possession of something abstract is expressed as follows:

> **mere sir me dard hA**
> I have a headache
> lit: my head in ache is

> **mujhe zukām hA**
> I have a cold
> lit: to me cold is

'To Be Able To'

The equivalents of the English verb 'to be able to, can' are formed by placing **saknā** after the verb stem; **saknā** itself conjugates:

vō hindī samajh saktā/saktī hA
he/she can understand Hindi
lit: he/she Hindi understand can is

mA hindī nahī bōl sakta/saktī
I can't speak Hindi
lit: I Hindi not speak can

saknā is a 'helping word' and cannot be used on its own.

Interrogatives

kyā?	what?	**kyō?**	why?
kahā?	where?	**kab?**	when?
kAsā?	how?	**kitnā?**	how much?

When a question is being asked for information, the question word is usually placed before the verb:

āp kahā rahte hA?
where do you live?
lit: you where live are

āp kyā kām karte hA?
what do you do?
lit: you what work do are

If **kyā** is placed at the beginning of the sentence, it becomes a yes/no question:

kyā āp kām karte hA?
do you work?

The word **kyā** is used when a question contains no other interrogative word. But it can be omitted if the question can be expressed by tone of voice:

(kyā) āp nayī dillī me rahte hA?
do you live in New Delhi?

Dates

For the first and second days of the month either cardinal or ordinal numbers can be used:

pahlī mārch or **ek mārch**
1st March

From the third onwards, cardinals (3, 4, 5) generally are used rather than ordinals (third, fourth, fifth). See Numbers pages 235-236.

Days

Monday sōmvār (H), pīr (U)
Tuesday mangalvār
Wednesday budhvār
Thursday brihaspat vār (H), jumme rāt (U)
Friday shukrvār (H), zummā (U)
Saturday shanīchar, hafta (U)
Sunday itvār

Months

January janvarī
February farvarī
March mārch
April apral
May mayī
June jūn

July julāi
August agast
September sitambar
October akrūbar
November navambar
December disambar

Time

what time is it? kitne baje hA?
1 o'clock ek bajā
2 o'clock dō baje
3 o'clock tīn baje
4 o'clock chār baje
5 o'clock pāch baje
6 o'clock chhA baje
7 o'clock sāt baje
8 o'clock āṛh baje
9 o'clock naw baje
10 o'clock das baje
11 o'clock giārā baje
12 o'clock bārā baje
it's one o'clock ek bajā hA
it's two/three/four o'clock dō/tīn/chār baje hA
it's five o'clock pāch baje hA
five past one ek bajkar pāch minaт
ten past two dō bajkar das minaт
quarter past one savā baje
quarter past two savā dō baje
half past one deṛh baje
half past ten sāṛhe das baje
twenty to ten das bajne mе bīs minaт
quarter to two pawne dō baje
quarter to ten pawne das baje
at one o'clock ek baje
at two/three/four o'clock dō/tīn/chār baje
at five o'clock pāch baje
at half past four sāṛhe chār baje
14.00 din ke dō baje
17.30 shām ke sāṛhe pāch baje
noon dōpahar
midnight ādhī rāt

Note that **subah** (morning) refers roughly to the period from daybreak to about 10am, while **din** (day) is used for the period between about 10am and about 4pm; **dōpahar** is also used for the time between noon and 2pm. **Sham** (evening) extends from approximately 4pm to 8pm and **rāt** (night) from 8pm to daybreak.

5am subah ke pāch baje
5pm shām ke pāch baje
2am rāt ke dō baje
2pm din ke dō baje, dōpahar ke dō baje
hour ghanTā
minute minaT
second sekanD
quarter of an hour chawthāi ghanTā
half an hour ādhā ghanTā
three quarters of an hour tīn chawthāi ghanTā

Numbers

0	sifar, shūny (H)	33	tetīs
1	ek	34	chawtīs
2	dō	35	pAtīs
3	tīn	36	chhattīs
4	chār	37	satīs
5	pāch	38	artīs
6	chhA	39	untālīs
7	sāt	40	chālīs
8	ārh	41	iktālīs
9	naw	42	bayālīs
10	das	43	tAtālīs
11	giārā	44	chavālīs
12	bārā	45	pAtālīs
13	terā	46	chhiālīs
14	chawdā	47	sAtālīs
15	pandrā	48	artālīs
16	sōlā	49	unanchās
17	satrā	50	pachās
18	arrhārā	51	ikyāvan
19	unnīs	52	bāvan
20	bīs	53	trepan
21	ikkis	54	chavvan
22	bā-īs	55	pachpan
23	teis	56	chhappan
24	chawbīs	57	sattāvan
25	pachchīs	58	arrhāvan
26	chhabbīs	59	unsarh
27	sattā-īs	60	sārh
28	arrhā-īs	61	iksarh
29	unattīs	62	bāsarh
30	tīs	63	tresarh
31	ikattīs	64	chawsarh
32	battīs	65	pasarh

66	chhiāsaṭh	200	dō saw	
67	saRsaṭh	300	tīn saw (etc)	
68	aRsaṭh	1000	ek hazār	
69	unhattar	2000	dō hazār (etc)	
70	sattar	100,000	ek lākh	
71	ikhattar	200,000	dō lākh (etc)	
72	bahattar	1,000,000	das lākh	
73	tihattar			
74	chawhattar			

Ordinals

75	pichhattar	first	pahlā
76	chhihattar	second	dūsrā
77	sathattar	third	tīsrā
78	aṭhattar	fourth	chawthā
79	unāsī	fifth	pāchvā
80	assī	sixth	chhaṭā
81	ikyāsī	seventh	sātvā
82	bayāsī	eighth	āṭhvā
83	tirāsī	ninth	nawvā
84	chawrāsī	tenth	dasvā
85	pachāsī		
86	chhiāsī		
87	satāsī		
88	aṭṭhāsī		
89	navāsī		
90	navve		
91	ikyānave		
92	bānve		
93	tirānve		
94	chawrānve		
95	pachānve		
96	chhiānve		
97	sattānve		
98	aṭṭhānve		
99	ninyānave		
100	saw		

Conversion tables

1 centimetre = 0.39 inches

1 metre = 39.37 inches = 1.09 yards

1 kilometre = 0.62 miles = 5/8 mile

1 inch = 2.54 cm

1 foot = 30.48 cm

1 yard = 0.91 m

1 mile = 1.61 km

km	1	2	3	4	5	10	20	30	40	50	100
miles	0.6	1.2	1.9	2.5	3.1	6.2	12.4	18.6	24.8	31.0	62.1

miles	1	2	3	4	5	10	20	30	40	50	100
km	1.6	3.2	4.8	6.4	8.0	16.1	32.2	48.3	64.4	80.5	161

1 gram = 0.035 ounces

1 kilo = 1000 g = 2.2 pounds

1 oz = 28.35 g

1 lb = 0.45 kg

g	100	250	500
oz	3.5	8.75	17.5

kg	0.5	1	2	3	4	5	6	7	8	9	10
lb	1.1	2.2	4.4	6.6	8.8	11.0	13.2	15.4	17.6	19.8	22.0

kg	20	30	40	50	60	70	80	90	100
lb	44	66	88	110	132	154	176	198	220

lb	0.5	1	2	3	4	5	6	7	8	9	10	20
kg	0.2	0.5	0.9	1.4	1.8	2.3	2.7	3.2	3.6	4.1	4.5	9.0

1 litre = 1.75 UK pints / 2.13 US pints

1 UK pint = 0.57 l

1 US pint = 0.47 l

1 UK gallon = 4.55 l

1 US gallon = 3.79 l

centigrade / Celsius $°C = (°F - 32) \times 5/9$

°C	-5	0	5	10	15	18	20	25	30	36.8	38
°F	23	32	41	50	59	64	68	77	86	98.4	100.4

Fahrenheit $°F = (°C \times 9/5) + 32$

°F	23	32	40	50	60	65	70	80	85	98.4	101
°C	-5	0	4	10	16	18	21	27	29	36.8	38.3